新TOEIC®テスト
ズバリ頻出
盲点英単・熟語

TOEIC is a registered trademark of Educational Testing Service (ETS).
This publication is not endorsed or approved by ETS.

モウ単

梅本 孝

南雲堂

新 TOEIC®テスト　ズバリ頻出盲点英単・熟語《モウ単》

　2006年5月の公開 TOEIC の試験より、TOEIC 試験の形式、内容に変更があったが、この本はその新 TOEIC に対応する単語・熟語集として作成された。この本では勉強すれば確実に点数が上がる「短文穴埋め問題（Incomplete Sentences 'Part 5'）」、「長文穴埋め問題（Text Completion 'Part 6'）」に大きな重点を置き、短期間で効果が出ることを狙った単語熟語集となっている。長文問題 'Part 7' に対しても目配りをしているために、わざと長目にしている文もある。この本に載っている単語熟語を完全にマスターすえば、TOEIC のリーディングパートの点数は確実に上がっていくことを保証する。以下のような特徴をもつ。

特徴 1
　「短文穴埋め問題」、「長文穴埋め問題」に対処することに重点を置いてはいるが、最後の読解問題の1つの文書、2つの文書によく狙われる語彙も含み、読解問題を意識して、わざと長目の例文も混ぜるようにした。

特徴 2
　この本では出来るだけ実際によく使われる形を崩さないで見出し語にすることにした。そのため、特に、熟語の類は辞書に載せるという観点からは、通常ではとても熟語とはいえないような単語の固まりも見出し語として採用した。

　同様に、usually available、readily available、available daily for、available for と4つの見出し語がある場合は、それぞれ TOEIC の中で狙われる部分がそれぞれ usually、readily、daily for の部分と available for 全体ということになると想定している。例えば、最初の例だと____ available というように available の前に下線があり、選択肢の中に usually、daily などがあると usually（あるいは同系列の単語 always など）を選択せよということである。又、過去分詞などを見出し語とする場合は動詞としての性質を多く残していると判断した場合は be 動詞を付け、形容詞としての性質が強いと判断した場合は be 動詞を付けずに見出し語とした場合もある。

　不定冠詞とよく用いられる単語は不定冠詞と一緒に出し、定冠詞と一緒によく使

われるものは定冠詞と一緒に提示し、複数形のまま使われることが多いと判断したものはなるべく複数形のまま見出し語にしてある。その場合は複数形でひとつの塊と理解されたい。又、受動態でよく使われるものは受動態のまま、能動態でよく使われるものは能動態のまま、過去形の方が使用頻度が高いと思われる場合は過去形で出し、未来表現の方が頻度が高い場合は未来表現のまま見出し語に出し、例文もほとんどの場合は出来るだけ見出し語の形のままで作るようにした。尚、見出し語は原則としてアルファベット順に並んでいるが、a、the の冠詞類や any、one、one's、his、your、コンマなど、及び受動態などの印としての be、及び完了形を作るための have は見出し語として無視をしている（完了形を使うことが特に大きな意味を持つ場合や、その他それらの語が文の中で大きな意味を持つ場合は例外とした）。冠詞についてもなるべく頻繁に扱われる形のまま見出し語として採用した。また、具体的に数字を入れている場合があるが、それは具体的になるようにそうしているだけなので、読者の皆様は各自で好きな数字に直して考えられたい。

特徴 3

　本書は従来の単語集や熟語集では見落とされがちな表現や言い回しではあるが、TOEIC が好む単語や熟語を重点的に列挙した。TOEIC を何度も受験した方がこの本を手に取り、本書の単語と熟語をすべてマスターすれば、いかにこの本が実際の TOEIC の受験に役に立つかがわかるはずである。

特徴 4

　各単語、熟語につけた訳は網羅的ではなく、TOEIC によく出る意味に従ってつけたものである。従って、文学作品などを読む場合は大きな辞書を参照されたし。

特徴 5

　各章の内部で、或いは、Part 1 と Part 2 との間で取り上げられている表現に（まったく同じでないまでも）多少の重なりが見られる場合があるが、繰り返し確認し、それだけその表現が重要であると認識されたい。同時に、その単語と熟語は違った観点から取り上げられていることを理解されたい。又、一つの単語・熟語に対して、類例として例文が 2 つ以上ある場合はそれだけ、その単語・熟語が重要で

あるということである。

　最後に、言わずもがなのことであるが、英語の勉強に近道はない。地道な努力が結局は一番肝要である。自戒の念をこめて記す。
　同僚の Adrienne Garden 先生には細かく英文に目を通していただいた。ここに感謝の気持ちを記す。著者の勘違い、思い違い、舌足らずな説明があった場合は出版社を通じて知らせていただければ幸いである。

本書の効果的な利用法

① 取り上げられた単語・熟語と、その下のオレンジ色で書かれた日本語訳とを比較し、確認する。
② その単語・熟語を含んだ英文が対訳なしで理解できるかどうかチェックする。
③ 分らない単語・熟語があれば、必ず辞書で確認し、その後、覚えこむ。
④ 英文下の日本語対訳を読み、意味を確認する。解説、注意事項がある場合はそれも読む。
⑤ 単語・熟語と日本語訳をその形のままで、完全に覚える。
(添付の赤いチェックッシートでオレンジ色の日本語訳を隠して確認！)
⑥ 英文の意味を理解した上で覚える。
(再度、添付の赤いチェックッシートで日本語訳を隠して確認！)

英文がなかなか覚えられない場合は、何度も口に出して、発音する、手で紙に書いてみるということを繰り返し行うことを強くお勧めする。

CONTENTS

はじめに …………………………………………………………………………… 3
本書の効果的な利用法 …………………………………………………………… 6

Part 1　ズバリ頻出盲点英単・熟語
TOEICの単語集、熟語集にはあまり取り上げられないが
実際には出題される可能性の高いもの ………………………………………… 9

Part 2　勘違いしやすい盲点英単・熟語
知られた単語、熟語ではあるが、あまり馴染がない用法で
出題されることがあるものを集めた ………………………………………… 141

Part 3　係り結び英単・熟語
広い意味でのコロケーションや文全体の意味や常識が判らないと
正解にたどり着くことが難しいものなどを扱う …………………………… 243

Part 1

ズバリ頻出盲点英単・熟語

···Part 1··········
TOEICの単語集、熟語集にはあまり取り上げられないが実際には出題される可能性の高いもの。

Part 1

a1 accounting figures
（何にどれくらいお金を使ったかという会計上の）数字（帳簿）

When the manager went over the **accounting figures**, he found several serious discrepancies.
「店長が帳簿を調べた結果、幾つか重大な矛盾が見つかった。」

a2 account number
（クレジットカード、銀行口座などの）番号

For earning miles, simply provide your **account number** when making reservations and checking in for your qualifying, paid flights.
「マイレージを獲得するには予約の時と、更にはマイレージの資格がある支払い済のフライトのチェックインをする時にもマイレージ用の番号を見せて下さい。」

ここの場合はマイレージカードなどに記載されているマイレージ用の番号であると考えられる。「見せる」という意味で provide を使っていることにも注意。

a3 accounts
請求（書）

Life becomes much simpler if you arrange to have payments for utility **accounts** debited directly from your bank account.
「電気、ガス、水道、電話等の料金を直接銀行口座からの引き落としにすれば、人生はもっとずっと楽になる。」

この単語は「会社にとっての顧客」という意味でも使われることがあることに注意。文末の account は「銀行口座」。

a4 achieve legendary status
伝説を打ち立てる

Director John Zimmer's first film has **achieved legendary status** since its 1992 release, and for good reason.

「監督のジョン・ジンマーのデビュー作は 1992 年の公開以来、伝説的な地位を確立した。そして、それには十分な理由もある。」

類例 Eli, who started his career in what is the only golf course in Plimmerton, has achieved legendary status in golf throughout the world.

「イライはプリマートンで唯一のゴルフコースでゴルフを始めたが、今ではゴルフの世界では世界でも有数の伝説的な地位を得た。」

a5 acknowledge receipt of

〜を受け取ったことを(礼を言いながら)知らせる

Please **acknowledge receipt of** every complaint from customers immediately by e-mail.

「お客さんからのクレームがあれば、どんなクレームでも直に、お客様にE-メールでクレームを確かに受け取ったということを伝えて下さい。」

a6 acting manager

(正式に新しいマネージャーが決まるまでの) マネージャー代理

Steve Lily Jr., 1999 MBA, was named **acting manager** of the factory after the manager was suddenly taken ill.

「1999 年に MBA をとったスティーブ・リリージュニアは工場長が急に病気になったので、工場の工場長代理に任命された。」

a7 adaptation

改造、改作、脚色

The primary purpose of the project is to produce a film, which will be an **adaptation** of the Japanese classic, *The Tale of Genji*.

「その計画の第 1 の目的は映画を製作することである。しかも、日本の古典文学の『源氏物語』の映画の書き直し版である。」

Part 1

a8 ☐ the/an additional five-percent raise
付加的な5パーセントの昇給

Some staff members who had not performed particularly well during the past year did not get **the additional five-percent raise** some others got.

「去年成績が良くなかった社員は他の人が得た追加の5パーセントの昇給を得ることが出来なかった。」

後半の some others got が無ければ an additional five percent raise となる。ここではたまたま5パーセントにしているだけで、別に何パーセントでもよい。1種のボーナスと考えれば良い。正しい英語とはいえない日本語のいわゆるベースアップは regular annual salary increase などといえる。

a9 ☐ advance(-)purchase ticket
先行購入チケット

To qualify for the discount fare, purchase your ticket at least two weeks in advance of the date of departure. **Advance purchase tickets** are non-refundable and other restrictions may apply.

「ディスカウント料金の適用を受けるには出発日の少なくとも2週間前までにチケットを購入してください。先行購入チケットは払い戻しはできません。同時に、他の制限もあります。」

a10 ☐ advocate for/of
～の提唱者

Henry Williams has been a teacher for many years and is a strong **advocate for** reform of the education system.

「ヘンリーウィリアムズは長いこと先生をやっているが、教育制度を変えなければいけないと心の底から思っている。」

advocate for は advocate of でも構わないが advocate of の方が少ない。

ズバリ頻出盲点英単・熟語

a11 affix something to
〜に何かを添付する、貼る、付ける

When returning goods, please **affix** the label provided **to** the package in which the goods were originally received.

「品物を返品する際は品物がもともと入っていた箱に、用意しておいた返信用ラベルを貼り付けて下さい。」

affix はこのような場合にのみ使う単語。

a12 affordable
お求めになりやすい、安い

QuickAccounts is an excellent accounting software program that is easily **affordable** for most businesses.

「クイックアカウンツはどのような商売をなさっていても非常にお求めになりやすい、内容的にも素晴らしい会計ソフトとなっております。」

a13 after a five-month search
5ヶ月探した後に

The initial design was created by Haverford Hotel Group, a developer that the College selected this spring **after a five-month search**.

「この最初のデザインはハーバーフォードホテルグループ、つまり、当大学が5ヶ月間探してようやくこの春選び抜いた業者に作ってもらったものです。」

5ヶ月の探しの後で、ということで名詞中心の構文を好む英語らしい表現といえる。この場合は search の代わりに look や watch とはならない。但し、after a five-minute look ならばあり得るだろう。design は何らかのイメージのデザインを指すと考えられる。建物そのもののデザインであったり、建物の配置のデザインであったり、建物の内部のデザインであったりするだろう。

initial はここでは first の意味で名前のイニシャルのことではない。

Part 1

a14 after hours [after normal working/business hours]
通常の仕事の時間の後では、アフター5に

He always refused to work **after hours** and became very unpopular with his co-workers.

「彼は残業を拒否し続けたので仕事仲間から相手にされなくなった。」

refuse は to 不定詞をとることが普通。co-worker「仕事仲間」は workfellow（米）或いは workmate（英）ともいう。colleague といってもよい。

類例 Dr. Smith is always willing to see patients after hours if their condition is serious, so his clinic is extremely popular.

「スミス先生は患者の状態が悪ければ通常の診療時間が終わった後でも喜んで患者さんを診ます。それで先生の病院はとてつもなく流行っています。」

a15 after-sales service
アフターサービス

We assure customers of good quality, competitive prices, prompt delivery and the best **after-sales service**.

「私どもはお客様に対して、高品質、どこよりも安いお値段、すばやい配送、そして最高のアフターサービスをお約束します。」

このように assure の場合は of が必要であるが、guarantee の場合は of は必要ない。

a16 after a three-year wait
3年待って

After a three-year wait, the university has finally been granted approval to establish an independent research facility.

「3年待ってやっと、当大学は独立した研究機関を持つことを許されました。」

形容詞的に使われている語句の次に来る語は名詞となるので、ここの wait は名詞として扱う。上の例とかぶるが、after a three-year search「3年探して」などなど、いろいろなコンビネーションが考えられる。wait や search を見れば自動的に動詞だと考えてはいけない。

a17 the agreed-upon date

決められた日

An employee who is taking maternity leave must give two months' notice if she wishes to return to work before **the agreed-upon date**.

「産休をとっている従業員は決められた日の前に仕事に復帰する意欲がある場合には2ヶ月前に連絡しておく必要がある。」

two months の次のアポストロフィーはない場合も多い。

a18 air purification market

空気清浄機のマーケット

As concerns about the quality of air in homes and public buildings continue to grow, the **air purification market** is expected to increase dramatically.

「家庭や公共の建物の中の空気の清浄に関する関心の高まりことがこのまま続く限り、空気清浄機のマーケットは劇的に大きくなることが予想される。」

a19 an airtight container

空気の漏れない入れ物

Butter should always be stored in **an airtight container** and refrigerated or its quality will quickly deteriorate.

「バターは常に空気の漏れない入れ物に入れて、冷蔵庫にしまっておいて下さい。そうしないと、すぐに傷んでしまいます。」

airtight container はタッパのようなものを想像しておけばよい。「真空パック」は vacuum-sealed pack と言えるだろう。

a20 alleviate concerns about

〜についての心配を減じる

Part 1

You should take it into consideration that it is extremely critical to **alleviate concerns about** data leakage from PCs when reusing them.

「コンピュータを再利用する時はデータの流出の心配を減らすことが非常に大切であるということを肝に銘じなければならない。」

---

a21 all requests for ～ must be made

～の請求はすべてなされなければならない

All requests for office supplies **must be made** by filling in the appropriate form and submitting it to the stores department.

「会社の備品の請求は全て適切な書類を書き、それをオフィスの備品部門に提出することによって成立します。」

　　stores department は「オフィスの備品部門」。

---

a22 alternate days for men and women

男性と女性とで日を交換する

The new fitness center **alternates days for men and women**, so that on Mondays, Wednesdays and Fridays women can participate in group programs with contents most likely to fill their needs and preferences, while men can do the same on Tuesdays and Thursdays and Saturdays.

「今度の新しいフィットネスセンターは男性と女性の日を交代制にしています。つまり、月水金は女性のニーズや好みを満足させる内容で、女性がグループプログラムに参加し、火木土は男性向きに同じことが行われます。」

---

a23 announce a major concert

大きなコンサートを告知する

Mari Folk Foundation is pleased to **announce a major concert** featuring one celebrated and three up-and-coming violinists.

「マリフォークファウンデーションは有名なバイオリン弾きを1人と、これから伸びるであろう有望なバイオリン弾き3人の大きなコンサートをお知らせさせて頂きます。」

　　announce はこのように目的語には伝えるべきもの（名詞句）か出来事（that 節）を取る

ことが普通。それに対して notify は伝えるべき相手が目的語になることに注意。従って、notify は notify someone of (about) などとなる。

類例1 The lawyers announced plans to seek court sanctions against the Moyer company for defying their court-authorized request for documents.
「弁護士団はモイヤー側が自分たちの要求する法廷によって決定された書類の提出請求を拒否することに対して法による制裁措置を要求することを発表した。」
Moyer company はモイヤー側の人間（whoever is working for him）を表すと考えればよい。

類例2 They announced that man-killer lioness would be publicly hanged for her crimes.
「彼らは人を危めた雌ライオンが人の見ている前で自分が犯した罪のために処刑されると発表した。」

類例3 Employees are to notify their immediate supervisors of all absences.
「従業員はすべからく欠勤については全て直属の上司に報告することになっている。」
absences の前に冠詞は要らない。

a24 anticipate

予期する

The first topic of discussion will be the launching of a new freshman program, to which no serious objections are **anticipated**.
「議論の最初のトピックは新1年生のための新しいプログラムの開始の件で、それに関しては大きな反対はないであろう。」
ここの the first topic of discussion の discussion の前には the は入らない。必要以上に冠詞を繰り返すことを嫌うということか。freshman は形容詞的な扱いであるのでここでは複数にならなくとも良い。

a25 apparently

（直接の体験ではなく）見たところは、一見、聞いたところでは、見たところでは〜のようだ

Apparently the number of high school graduates has decreased so much in the last few years that most universities have been having trouble enrolling enough students.

Part 1

「高校の卒業生の数が近年非常に減っているので、ほとんどの大学が学生募集に苦慮しているらしい。」

ここの apparently は evidently と近い。尤も、evidently の方がより確信度が高いとは言えるかも知れない。

類例 Apparently the student was not aware of the new attendance policy because he didn't worry about the effect his frequent absences would have on his grades.

「どうもこの学生は新しい出席の規則を知らなかったようだ。というのは頻繁に休むと、それがどのように成績に響くか気にしてなかったからだ。」

a26 appliance

電気機器

Ms. Morris buys every new kitchen **appliance** that comes on the market but never learns how to use any of them properly.

「モリスさんは台所におく電気機器は出るもの出るもの何でも買うが、きちんと正しく使えたためしがない。」

ここの appliance は食洗機やガスレンジ（gas range）のことを想像すれば良い。gadget と言っても良いだろう。

a27 apprehensive

心配で

Knowing that help of some kind is available will generally make students feel less **apprehensive** about school and class and more likely to engage themselves seriously in their studies.

「何らかの手助けがあるということを知っているだけで学生はたいてい学校や授業の心配がなくなるものだし、勉強にも熱心に取り組めるようになる。」

a28 the architecture of

〜の構造

ズバリ頻出盲点英単・熟語

While the hotel design is extremely modern, it is obviously influenced by **the architecture of** Japanese inns of an earlier period.

「そのホテルのデザインはものすごく現代的だが、明らかに日本の昔の旅館の影響を見て取れる。」

ここの〜の architecture となる場合は通常定冠詞となることに注意。

a29 area sports stadium

その地域のスポーツ用スタジアム

Area sports stadiums are going to get extra funds to help them prepare for the international sports competition.

「地域のスポーツスタジアムはスポーツの国際大会に向けて準備するために通常以上の基金を集めることにしている。」

ここの them は area sports stadiums と考えればよい。

a30 aside from/except for minor corrections

細かい修正点を除いて

Except for minor corrections I have finally finished my thesis.

「細かな修正点を除いてやっと修士論文が完成した。」

except for minor corrections は except that minor corrections のようには出来ない。つまり、接続詞の that を for の代わりに用いることは出来ない。

a31 as an incentive to

〜に対する動機付けとして

Kapler Corporation offers generous bonuses **as an incentive to** employees who work diligently and whose output is high.

「カプラー株式会社は懸命に働き、生産高も高かった従業員に対しては、動機付けとして結構な報奨金を支給する。」

英語の bonus はいわゆる毎年決まった時期に支給されるボーナスというよりは、いい仕事に対して支給される一時的な報奨金。work hard は良いが、work hardly はここではおかしい。一生懸命純粋に働く、ということで work genuinely などとしてしまうことがあ

Part 1

るが、英語としては不可。この場合 to 以下は動機付けが働く対象としての人であるが、to do の形で動詞が来る場合もある。

a32 as promptly as possible

出来るだけ早く

Tickets for the concert are selling very fast, so if you want good seats, you should reserve them **as promptly as possible**.

「そのコンサートのチケットの売れ行きはとても速いので、良い席が欲しいのであれば出来るだけ早い目に予約したほうがいいです。」

as rashly/abruptly as possible などとはならない。

a33 as a safety precaution

予防措置として、念のため

If you think your car might not be in good shape, **as a safety precaution**, you should have it looked at.

「もしお車の調子が悪いとお考えでしたら、安全安心のために、誰かに車をみてもらったほうがいいですよ。」

a34 be assigned to do

〜することを割り当てられている

A towing company that has **been assigned to** pick up your car will then contact you.

「お客さんの車を受け取ることに決まった牽引会社がお客さんと連絡をとることになります。」

この to の後ろにはこのように動詞が来る場合もあるが、名詞の場合もある。動詞と名詞の接近が覗われる。

類例 1 He is assigned to the investigation.
「彼はその調査の仕事に振り分けられている。」

ズバリ頻出盲点英単・熟語

類例2 He is assigned to investigate the accident.
「彼にはその事故を調査する仕事が割り当てられている。」

a35 associated with
～に伴う

Under the program, the committee is responsible for the construction **associated with** rehabilitating, and upgrading the garbage collection system.

「そのプログラムの下では、委員会がゴミ収集のシステムの修復、改良に伴う工事の責任を負う。」

a36 as a temporary alternative to
～に対する一時的な代用として

When full-time jobs are not available, most people who graduate from graduate schools use part-time teaching jobs **as a temporary alternative to** full-time work; few people use it as a transitional step into full-time employment.

「大学院卒の人は専任の仕事がない時は大抵の場合は専任の仕事の代わりに一時しのぎとして非常勤の仕事をします。しかし非常勤をやっているからと言って、それがそのまま自動的に常勤に繋がると思ってやっている人はあまりいない。」

ここのセミコロンには but の気持ちがある。

類例 The website provides tips and advice on how to live out of a vehicle as a temporary alternative to housing, including opinions and essential techniques.

「このウェブサイトには家に住む代わりの一時的な他の選択肢として、車の中を住まいにするためのアドバイス（含：車中生活に関する意見、必要なテクニック）が載っています。」

ここの live out of a vehicle は live out of a can「缶詰製品で生活する」、live out of a convenience store「コンビニに依存して生活する」と同じで out を使ってはいるが、車の中で生活をすることを指している。

Part 1

a37 astute
非常に知恵のある

Particularly **astute** management is needed for schools in general where the number of students is declining.
「学生の数が減ってきている学校では特に頭を使った経営が必要になる。」

a38 at close range
近くで、接近した状態で

John's eyesight is very poor and he can identify people's faces only at close range.
「ジョンは視力はかなり悪いので近くに寄らないと人の顔が判らない。」

類例 The way color had been used to make the model's face appear slimmer could only be detected at close range.
「そのモデルの顔が本当よりもスリムに見える色の使い方は、近くに寄らないと判らない。」

a39 at competitive prices
競争出来る価格で（他店と同程度か少し安い価格で）

Cabela's offers quality outdoor clothing and gear for fishing, camping and hunting **at competitive prices** and is a leading source of information about fishing and camping sites.
「カベラの店は質の高いアウトドアの服と釣り、キャンピング、狩りの道具をお値打ちの値段で提供しています。同時に釣りとキャンプの穴場の１番の情報源にもなっております。」

a40 at the end of the month
月末に

An informal staff get-together will be held **at the end of the month** to create an opportunity for staff members to get to know each other better.

「今月の末にお互いのことをもっと知り合うことができるように職員の簡単な集まりが催されます。」

  月末は通常は点として捉えられるので、in や on を使わず at を使用する。

a41 attached schedule

添付のスケジュール

Please consult the **attached schedule** for specific meeting times and places.

「委員会の具体的な場所と時間については添付スケジュール表を見て下さい。」

a42 attendance figures

出席者数

On the basis of the **attendance figures** for his recent public lectures we need to consider using a bigger facility in future.

「彼の最近の公開講座の出席者数を考えるとこれからはもっと大きな教室が必要になるかも知れない。」

  in future は in the future と定冠詞を付けても良い。

a43 auditor

会計監査官

Our **auditors** are requesting that we give them a file containing details of all transaction records.

「我々の会計監査官は会計処理の記録の全ての詳細が入った書類を引き渡してくれと要求している。」

  transaction はやり取りだが、通常はお金が絡んだやり取りを指す。お金のやり取りということをはっきりとさせるために financial transaction と言うこともある。

Part 1

a44 authorize
〜に権限を与える、〜を正当と認める

If you'd like them to **authorize** your transfer from the community college to the university, you need to verify that all the credits in the college were properly registered.

「もしあなたが短大から 4 大に編入することを彼らに認めてもらいならば、短大の単位がすべて適切に登録されていたということを証明する必要がある。」

a45 automated production line
製品生産ライン

The new **automated production line** not only washes, fills and caps bottles, but also pastes on labels.

「新しいオートフォーメーションの生産ラインではボトルの洗浄、内容物注入、キャップ付けにとどまらず、ラベル付けまで行う。」

fill は fill A with B「A を B で満たす」、A be filled with B「A が B で満ちる」の形式を良く使うことに特に注意。pastes on labels は pastes labels on とも言える。turn in the paper と turn the paper in のペアと並行している。パラフレーズすると pastes labels onto the bottles となる。

b1 backlog
（商品などの）注文残高、（仕事などの）未処理分

Despite a tremendous effort, there is still a **backlog** of two thousand immigration applications of various kinds to be processed.

「非常にがんばってはいるが、幅広い種類の移民の申請書が 2000 件も未処理のまま残っている。」

b2 batch
1 団、1 群、1 束、1 回分（パン、陶器などの）ひと釜分

ズバリ頻出盲点英単・熟語

That little bread shop bakes 200 loaves of bread a day, with the first **batch** going into the oven at 2 a.m.

「あの小さなパン屋さんは1日に200個のパンを焼きます。最初のひと釜目は朝の2時に釜に入ります。」

b3 batch number

（誰に作ったか、何時までに送るか、などの情報を含んだ）管理番号

By checking the **batch number**, the factory was able to find all the products containing the faulty part.

「管理番号を調べることで工場がエラーのあった製品を全て発見することが出来ました。」

b4 because of the risk of

～の危険のために

Because of the risk of contamination, it is forbidden for all but authorized personnel to enter the lab where the new drug tests are being carried out.

「汚染の危険のため、新薬の実験が行われている研究室には許可を受けた人以外の立ち入りを禁じます。」

b5 because of a sharp rise in

～に於ける急激な上昇の為に

Consumers will feel the effects of this summer's wet weather **because of a sharp rise in** prices of such items as rice and vegetables.

「ここのところ米や野菜の値が急激に高騰したことで消費者は今年の夏は特に雨が多かったということを感じることになるだろう。」

　　effects は「この夏の多雨による様々な影響」を指す。prices は costs も有り得る。

Part 1

b6 because of strong competition for
～に対する強力な競争の為に

Because of strong competition for jobs in prestigious companies, many students begin job hunting well before they begin their final year at university.

「有名会社での採用は極めて競争が激しいので学生の多くは大学の 4 年生になるずっと前に就職活動を始めます。」

final year は senior year としても良い。就職活動の心の準備が出来ていることを口語的に言うとこうなることがある。I'm psyched (up) for/about job hunting. そして I'm trying to psych myself up for job hunting. 或いは I'm trying to get (myself) psyched (up) for job hunting. とすると「就職活動の準備をしようと努力している。」psyched up は mentally prepared for an event and excited about it の意味で一般的に良い含意がある。

参考例1 He is psyched out about it.

「彼はそれに精神的に興奮しすぎて過剰反応している。」

ここの psyched out は freaked out「非常に動揺している」と同じような意味であると考えられる。

参考例2 I've got him psyched out.

「(彼の行動などを見て) 彼が心の中で何を考えているか分かった。」

ここの psyched out の意味は understand someone by intuition の意味で、言い換えれば figured out などになると考えればよい。psych out はもう 1 つ to frighten using only the power of one's mind の意味があるので I can't psych him out. となると理論上「彼のことが分らない。」の意味と「彼をびびらせることが出来ない。」の意味の間で曖昧になる。freak out は口語でよく用いられるが、非常に可笑しな風采をしたり、可笑しな言動、行動をとる人を見て動揺するような場合に、He freaks me out. などという言い方をすることがある。まとめると、psych up は「心の準備をさせる」、psych out は「(1) 心理的に理解する。(2) 相手を心理的にびびらせる。」、freak out は「相手を動揺させる。」というような感じだろうか。psych はやはり「心」という共通項がある。

b7 bed-and-breakfast hotels
低価格の朝食付宿泊ホテル

Many of the old style **bed-and-breakfast hotels** have upgraded their image, so that the appeal of their interiors and the meals they serve are now important selling points.

「古い朝食付の安宿の多くはイメージを良くしようと努力した。結果、内装の凝り具合や食事が現在では大切なセールスポイントとなっている。」

日本語で言う「セールスポイント」は sales point ではなく selling point。

b8　before the stipulated date

明記された日付の前に

If your application form and deposit are not received **before the stipulated date**, there will be a $50 surcharge for a late application.

「申込書と手付け金が決められた日までに受任されない場合については延滞金として余分に50ドル掛ります。」

stipulated date や agreed-upon date などと特定の日を想定する場合は before を使い、within は使えない。within は within the next 24 hours、within 6 months などとある一定の期間を表す語が必要となる。

b9　before turning on the computer

コンピューターの電源を入れる前に

Before turning on the computer, please ensure that it is placed on a firm level surface and that there is no risk of its being accidentally disconnected from the electrical outlet.

「コンピューターのスイッチを入れる前にコンピューターがぐらつかない水平の場所においてあるかを確かめなさい。同時にコンセントからコードが抜ける危険がないかも確かめなさい。」

its は it でもよい。(electrical) outlet は「コンセント」。「電源から抜けないように」という時の「電源」であれば power source となる。ここの before は前置詞と考えるとその後ろには turn、to turn、turns などは来れない。

b10　benefits

特典、特権、給付金

The policy requires colleges receiving federal funds to treat men and women equally when it comes to **benefits** such as athletic scholarships, athletic equipment (or exercise facilities), and coaching.

Part 1

「この政策においては政府からの援助を受けている大学は運動選手への奨学金、運動設備（あるいは運動館）、そしてコーチングなどの特権に関しては男性と女性とを平等に扱うことが求められている。」

b11 beyond repair

修理不可能で

Takashi suffered only minor injuries in the car accident, but his car was **beyond repair**.

「孝はその交通事故では身体のほうは軽傷だったが、車の方は廃車になった。」

suffer O は「直接的原因で苦しむ」、suffer from O は「間接的原因で苦しむ」。目的語が傷、苦痛の類の時は suffer (a lot of) pain となり suffer from pain とはならない。腰痛で苦しんでいる場合は suffer from a bad back（或は suffer from problems with a bad back など）で suffer a bad back とならない。腰痛を、ではなく腰痛で、となることに注意。「不況で苦しむ」場合も suffer from depression で suffer depression とならない。これも不況を苦しむのでなく不況で苦しむ、という言い方に注意。suffer the injuries などの時は from を入れないことが遥かに普通だが、孝が未だに昔の交通事故の傷が原因で痛みを感じるという時は以下のようになることがある。Takashi still suffers from the injuries. これは「かつての傷が元で」というような意味合いとなり間接性が生まれるからである。

b12 bid

入札

We are pleased to inform you that your **bid** for the waterfront project has been accepted.

「ウォーターフロント計画への入札が落札されたことをお知らせします。」

b13 big business

大企業

Big businesses are beginning to realize that the employee who puts his job before his home life is not as effective as the one who has a happy, fulfilling marriage.

「家庭より仕事をとる社員よりも幸せな家庭生活を送っている社員の方がむしろ、仕事ができるということにようやく企業も気が付き始めた。」

b14 boast
自慢する

Everybody accepts that Rod is one of the most original thinkers in the office, but they don't like the way he **boasts** about it.
「ロッドがここの会社で1番斬新な考え方を提供出来る人間の1人であることは皆が認めることだが、彼はそれを自慢するので嫌われている。」

b15 bring on
もたらす

Her illness was **brought on** by stress and poor nutrition.
「その女の人の病気はストレスと栄養失調によってもたらされた。」
　悪いことがもたらされるときに使われる。on に不利益の概念があるからだと思われる。

b16 brochure
パンフレット

The company's **brochure** illustrates and explains the uses of all their new products.
「その会社のパンフを見れば全新製品の使い方が分かるようになっています。」

b17 bulk ticket
完全にパターン化している（業者にとって手の掛からない、業者の側が大量に売りさばく、消費者にとってはお得感のある）チケット

There are no black out dates on **bulk tickets**. Use them weekends, weekdays and holidays. They are good for the entire season.
「この得々チケットは使えない日はありません。週末でも平日でも休日にもお使いになれます。シーズンを通して有効です（シーズンが終われば使えなくなるという含みがある）。」
　bulk ticket は航空券であれば one year open（1年間いつでも使えるチケット）、JR の1日乗車券などを考えればよい。「お得感」は good/better/best value for money、「お得チケット」の意味で special value ticket ということがある。

Part 1

b18 by leasing cars instead of buying them
車を買うのではなくて、借りることによって

It has become common practice among many companies to economize **by leasing cars instead of buying them**.

「多くの会社で、車を購入するのでなく、リースにすることで節約することが一般的になった。」

c1 career consultants
キャリアコンサルタント

Career consultants advise and assist job seekers on how to package and promote themselves better.

「キャリアコンサルタントの方は求職中の人に対して、自分自身をどのようにうまく売り込んでいけるかについて、アドバイスや手助けをしてくれます。」

 package は形式面（どのようなスタイルにすればよいか、どのような書類を調えればよいかなど）、promote は内容面に重点がある。

c2 catering supervisor
仕出しの（食器、メニュー、スタッフの）総責任者

As the **catering supervisor** had no previous experience in such a large cafeteria, he worked until late at night planning menus and making up orders for supplies.

「仕出しの総責任者はそんなに大きな食堂での経験がなかったのでメニューの計画を立てたり、必要な材料の注文書の準備をしたりで夜遅くまで仕事をしていました。」

 ここの make up は「準備をする」という意味。

c3 the Chairman of the Board personally welcomed
委員長本人自身が〜を出迎えた

The Chairman of the Board personally welcomed the Japanese who were making a study tour of the company's production facilities.

「委員長本人が会社の製品工場の見学に来ていた日本人一行を出迎えた。」

> ここのpersonallyを似たような単語であるperson/personal/personalityに代えることは出来ない。company's production facilitiesはおおかたfactoriesと考えてよい。

---

c4 charge A to B

AをBのつけにする

If you wish to **charge** these special imported cigarettes **to** your credit card, please fill in the details of your card in the spaces below.

「この特別に輸入したタバコを自分のクレジットカードから引き落とすことを希望する場合は下のスペースにカードの情報を記入して下さい。」

参考例1 Can I charge this to my account/credit card?
「これを私の口座／クレジットカードにつけといてくれますか。」

参考例2 Can you put this on my account/credit card?
「これを私の口座／クレジットカードにつけといてくれますか。」

---

c5 a check of one's credit history

人のお金のやり取りの履歴のチェック

It's impossible to get a loan to buy a house or a car without having the lender run **a check of your credit history**.

「お金を貸してくれるところがお金のやり取りの履歴のチェックをしてくれないと、家や車を買うのにローンを組むことができない。」

---

c6 circuit boards

配電盤、交接器、電子回路の基盤

That small company produces **circuit boards** for one of the big electrical equipment manufacturers.

「あの小さな会社は電化製品を作っている大会社の1つに配電盤を供給している。」

Part 1

c7 civil engineers

土木技師

Civil engineers design and supervise the construction of roads, buildings, airports, tunnels, dams, bridges, and water supply and sewage systems.

「土木技師は道路、建物、空港、トンネル、ダム、橋、水道管、下水道の建設をデザインし監督する役目を負っている。」

c8 clerical support workers

（事務に関する）補助スタッフ、事務員（office assistants）

The new project has increased the amount of paper work so much that we need to employ two more **clerical support workers**.

「新たなプロジェクトのおかげでペーパーワークの量が異常に増えたので、事務員をもう2人ほど増やす必要があるだろう。」

類例 There are only two clerical support workers in the field office.

「ここの現場には事務の補助員が2名しかいない。」

単に 事務員 というのであれば support を取り、clerical workers としてもよい。field office は研究などの場合の現場を指す。建築の現場は (construction) site office。

c9 close supervision

細かい監視

The office manager is very conscientious, but the staff don't like working under such **close supervision**.

「店長はとても細かいことに気がつく人です。が、職員はそんな細かい監視下で働くのを嫌がっています。」

conscientious は「真面目だから全てのことを確認する」というニュアンスがある。この単語は肯定的か否定的かというと肯定的な意味合いが強い。

c10 come close to
～に近づく

The money the church had already raised for repairs to the roof **came close to** the amount they needed, so they planned to begin work in another month.

「教会屋根の修理の為に集めたお金はおおよそ必要額に達した。そこで翌月に早速仕事を始めるという計画を立てた。」

> in another month は in the next month でも良い。ここの work は ask someone to work の意味を内包し、彼ら自身が修理するというのではないことが普通。in another month は work に掛かる。

c11 commemorative photos
記念写真

After the commencement ceremony, those students who had just graduated were asked to go to the ninth floor of the building to have **commemorative photos** taken.

「卒業式の後、卒業生は記念写真を撮るために建物の９階に移動した。」

c12 company sports day
会社の運動会

We can now offer one of the major tennis clubs in the country as a venue for a **company sports day**.

「我々は会社の運動会の場所に国内有数のテニスクラブの１つを提供できます。」

c13 complex
複合施設

Part 1

A new sports **complex** was built with a pool, a gymnasium, a tennis court and a soccer ground.

「新しいスポーツ施設がプール、体育館、テニスコート、サッカー場付きで建築された。」
complexity「複雑さ」と勘違いしないように。

c14 compliance

法の遵守

Areas of responsibility will include monitoring safety policies to ensure their **compliance** with safety regulations.

「責任の範囲として含まれるのは安全のための規則が確実に守られるようにモニターで監視をするということである。」
ここの their は policies を指す。

c15 comptroller

会計検査官

Comptroller Schaefer gives final tax reminders to procrastinators.

「会計検査官のシーファーはまだ税金未払いの人に最後通告を行います。」

類例 A comptroller, also referred to as a controller, is one of the chief financial officers in a corporation and is charged with managing the cash flow of that organization.

「comptroller（会計監査員）は controller と呼ばれることもあるが、会社の主たる財政上の役員の内の1人で、その会社の現金の流れを統括する役目を負っている。」

c16 condensation

結露

Condensation may form on windows at the onset of each heating season though it may be a temporary problem.

「結露は一時的な問題ではあるが、毎年冬の始まりの時期に窓に出来ることがある。」

c17 conduct/make a thorough/comprehensive/extensive review of
〜の完全な見直しを行う

A complete statement as to the cause of the company's collapse cannot be made until a comprehensive review has been **conducted** of the circumstances in which it was established and managed.

「会社の倒産の原因の完全な解明は創立時やその後の会社経営の際の状況を仔細に調べなければなんとも言えない。」

例文は受動態になっている。

c18 confidentiality policy
守秘義務の考え方

TAK MUSIC adheres to a strict contributor **confidentiality policy** which protects the privacy of our supporters.

「タックミュージックはサポーターの個人情報を保護するために視聴者を守る厳しい守秘義務のルールに従っています。」

c19 confirm (the time of) our conference call
（同時に何人もの人と通話ができる）会議呼び出し（の時間）を確定する

The time of our conference call was **confirmed** for 3:00 p.m. Monday, but it has now been postponed until 5:00 p.m.

「今度の会議呼び出しの時間は月曜の午後3時に設定されたが、5時に延期された。」

c20 congratulate someone on
〜について〜をお祝いする

The management of the company is planning to hold a special party to **congratulate** Ken Johnson **on** the prestigious award he has received for his research results.

Part 1

「会社の経営陣はケン・ジョンソンがその研究成果に対して賞を受けたということで彼を表彰するべく特別にパーティーを開くことにしている。」

c21 consecutive

連続した

He took part in his fifth **consecutive** international tennis tournament after he had turned thirty one and found he could no longer play with the power, energy and concentration of earlier days.

「彼は5回連続してテニスの国際試合に参加したが、その前に彼はすでに31歳になっており、かつてのパワー、エネルギー、集中力がないことに気が付いていた。」

c22 considerable gap between

～の間のかなりのギャップ

There is a **considerable gap between** the incomes of men and women in this country.

「この国では男女の間の収入にかなりの差があります。」

c23 consider doing

～することを考える

The administration office was **considering promoting** him from an assistant to an associate professor when he had finished his study abroad, but they finally decided to wait another year.

「経営者側は彼が留学からかえって来たときに講師から准教授に上げることを考えてはいたが、結局は1年様子を見ることにした。」

consider が進行形で使われることもよくある。その場合、形式的には doing doing という形になってしまう。

c24 consistently produce

一貫して生産する

ProChem Chemicals, Inc. is a custom manufacturer of specialty chemicals located in High Point, NC. It is our goal to **consistently produce** quality products and services in a safe environment.

「プロケムケミカルズ社はノースカロライナのハイポイントにあるお客様の立場に立ったお薬を売る会社です。私たちの目標は安全な環境の中で質の良い製品とサービスを常に提供することです。」

ProChem の Pro は professional を表しているのだろう。custom は custom-made「お客さんの注文に応じて作る」と考えればよい。produce の前に副詞をもってくるのは良いが、動詞、名詞、形容詞をもってくるのは一般に不自然。safe environment は従業員が毒を吸わないように、であるとか、環境を汚染しないように気を使っているなどのことである。

c25 consist of
～で構成されている

The language school **consists of** a classroom and administration building, recreation facilities, a dormitory and a cafeteria.

「その語学学校は教室と事務局、リクリエーションセンター、学生寮、それに食堂で構成されています。」

この動詞は通常進行形にならない。

類例 Our condominium complex consists of 3 buildings.
「ここのマンション群は3つの建物から成ります。」

c26 consolidate
1つにまとめる

Lee McGwire refinanced with Benet Inc., because he wanted to **consolidate** his credit card bills.

「リー・マグワイヤはベネット社から再びお金を借りた。というのは彼は自分のクレジットカードの請求を1つにまとめたかったからだ。」

c27 consumer advocate
消費者の権利を守り、幸せを導く人

Part 1

This tough new anti-spam law, which has won praise from **consumer advocates**, may be hard to enforce.

「今度新たに出てきた厳格な反スパムメール法は消費者の権利を守る人たちからは賞賛されてはいるが、実際にその法律を施行するのは難しい。」

ここの tough はスパムメールを送る人たちや組織にとって厳しい（severe）であることを指している。consumer advocate は consumerist とも言い、「消費者の権利を守り、幸せを導く人」を指す。これからは覚えておかなければいけない必須単語である。law ということばがあるから enforce が使われることにも注目が必要。

c28 consumer confidence
（消費者心理における）消費者の自信

Many analysts believed that the Sept. 11, 2001 terrorist attacks would cause **consumer confidence** to fall and hurt spending and weaken the economy.

「経済アナリストの多くは 2001 年 9 月 11 日のテロ攻撃の影響で消費者心理が悪くなり、消費が落ち込み、経済も悪化すると考えた。」

c29 consumers of all ages and lifestyles
ありとあらゆる消費者

Consumers of all ages and lifestyles are recognizing the importance of maintaining a strong and proactive immune system for better health all year round.

「ありとあらゆる消費者は年がら年中健康であるためには力強い、他に先んじた免疫システムを維持するということが大切であると理解し始めた。」

c30 a contributing writer
貢献する書き手

He has been **a contributing writer** to some of the most prestigious literary journals since he was quite young.

「彼は随分若い時分から最も権威のある文学雑誌の幾つかに良い投稿をしてきた。」

c31 convene
会議などのために集まる

A & B Foundation board of directors will **convene** next week to approve grants totaling $1 million for two projects between those companies.

「A & B 基金の理事会において当該の会社間の2つのプロジェクトに対する総額100万ドルの補助金を承認するべく来週会議を開くことになっている。」

c32 coolant
冷却液

Coolant is widely used in cutting operations to reduce the heat generated from friction between the object and the blade.

「冷却液は切断の際に切る対象物と刃の間の摩擦で生じる熱を軽減するために広く使用されている。」

c33 corporate logo
会社のロゴ、マーク

The shape, color, typeface of **a corporate logo** should be noticeably different from others and instantly recognizable in a similar market.

「会社のロゴの形、色、字面は同業他社のものと見た目がはっきり違っていないといけないし、すぐに分かるものでないといけない。」

company logo という場合も多い。

c34 cost effectiveness
かけたコストの有効性

An objective examination of **cost-effectiveness** is essential in order to prevent the debate over expenditure from descending into emotional arguments.

Part 1

「客観的にコストの有効性を検証することは費用に関する議論が感情的な議論に堕してしまわないためにも必要不可欠である。」

c35 a cost-effective way to sell

売るのにお金をかけないやり方

The company's profits increased significantly when the management developed **a new cost-effective way to sell** their product.

「その会社の売り上げは自社製品を売るのに新たにお金をかけないやり方で売ろうと経営者が決定してから際立って伸びてきた。」

c36 crave

〜を渇望する

Whenever I am tired and worried, I find I **crave** chocolate, but eating it doesn't make me feel better; I start worrying about putting on weight.

「身も心も疲れた時はいつもチョコレートなしでは生きていけないことが分かった。でもチョコを食べても気分は良くはなりはしない。チョコを食べると今度は体重の心配をしないといけなくなるからだ。」

putting on weight は gaining weight でもよい。

c37 credit approval

今までのお金に関する履歴を確認し、承認すること

All financing is subject to **credit approval** and acceptance by Harpster Credit Corporation.

「ローンが通るかどうかはすべてハープスタークレジット株式会社による承認にかかっている。」

Harpster という名前は詐欺をする人の名を暗示しているという人がいた。

c38 credit line [line of credit]

どこまで借りるのが妥当かというライン、融資限度

You may request an increase in your **credit line** 3 months after opening your account.

「口座を開いてから3ヶ月すれば、お金を借りる限度額を増やす要求ができます。」

c39 the culminating event
最後を飾るイベント

That exhibition was **the culminating event** of the two-country friendship fest 2008, which commenced in late September 2007 and continued up to March 2008.

「その展示が2国間の友好を表す2008年の祭りの最後を飾るイベントでした。この祭りは2007年の9月に始まり、2008年の3月まで続きました。」

c40 curator
学芸員、博物館や動物園の展示責任者

Museum **curators** are responsible for preparing, researching and exhibiting materials from the natural world so that they may be better understood by the public. In this way they are really responsible for retaining the legacy of a wide variety of selected objects for the future good of humanity.

「博物館の責任者は来館者により良く理解されるように、自然界からの展示品を準備し、研究し、展示する責務を負っているのです。このようにして彼らは人類の良き未来の為に広範囲にわたって選び抜かれた品々の歴史を保持する責任があるのです。」

> so that の次の they は形式的には curators を指すはずであるが、意味的には materials を指す。形式と意味がずれる場合は意味が優先され、materials を指す。

類例 An award for a young museum curator or conservator attached to a museum in the country may be made each year.

「国内の博物館所属の若手の学芸員や管理員に対して毎年賞が与えられます。」

ここの an award will be made は「賞が創設される」ということではなく、「賞が与えられる」。

Part 1

c41 the current expectation is that
現在の予想では

The current expectation is that more than 200 people will sign up for the lecture series, so organizers are seriously considering changing to a larger venue.

「現在の予想では 200 以上の人が今度の公開講座に登録する見込みです。よって講座の責任者はもっと大きな会場に変更することを真剣に検討しています。」

current なしの the expectation is that もよく用いられる。sign up は register という事。venue「イベントなどが行われる場所」も是非覚えておかなければいけない単語。

c42 be currently offering a discount on
～に対して現在割り引きセールをしています

Cross County Airlines **is currently offering a discount on** air tickets for travel within the next 60 days which are paid for at the time the flight reservation is made.

「クロスカウンティー航空は現在、航空運賃の割引をしています。それは飛行機の予約がなされた時にお金を払い込んだチケットが今から 60 日以内の旅行に対するものであれば成立します。」

paid for の for は必要。paid for travel ではなく、paid for air tickets と考えられる。

c43 currently out of stock
現在在庫切れで

This book is **currently out of stock** with a ready about date of December 31, 2009.

「この本は現在、在庫切れで、2009 年の 12 月 31 日ころに用意できる見込みです。」

c44 customer service
顧客サービス

ズバリ頻出盲点英単・熟語

Thompson's Books prides themselves on their **customer service** and employs extra staff to help customers select the books best suited to their needs or interests.

「トンプソンズブックスは顧客サービスに関しては自信があります。お客さんのニーズや関心に応じた本を選び出すためのスタッフを雇っています。」

c45 customer service representatives（CSR）

お客様係、お客様相談員

If the home plan you choose does not have your desired foundation type, our **customer service representatives** can advise you on how to customize your foundation to suit your specific needs or site conditions.

「もしお客様の選ばれた家の設計プランがお客様のお考えの基礎部分のプランと違っております時は手前どものお客様アドバイザーに相談されましたらお客様の要望や場所の状況に合致した基礎部分のプランに作り変えます。」

customer service representative は病院や銀行などいろいろな分野に存在するようだ。ここの foundation は basement「地下室」、walk-out basement「地下から直接外に出られる地下室」、crawl space「天井、床下の人がもぐりこめるスペース」、slab「壁」、pier「柱」などを指す。

c46 customized products

客のニーズに合わせた製品

Many chemical companies are implementing a number of new strategic initiatives in an effort to improve earnings, compete on a global basis, and meet increasing demand for **customized products** and services.

「製薬会社の多くは歳入を増やすため、地球規模での戦いに打ち勝つため、又、顧客のニーズに合わせた製品やサービスの需要に備えていくつか新たな戦略を実行に移している。」

customized services は顧客に合わせた1パックあたりの薬の量や顧客に合わせた配送の仕方などが考えられる。

d1 one's decision had not been easy to make

ある人の決定は成すのが容易ではなかった

Part 1

The standard of all the participants in the contest was exceptionally high and the judges' **decision had not been easy to make**.

「そのコンテストの参加者全員のレベルが極めて高かったためジャッジの方々の決定も容易には決着しなかった。」

> ここの easy は eager や willing には出来ない。had not been easy は was not easy でも勿論良い。過去完了になっているということは before the announcement was made（正式に発表する前に）というような意味合いが含意されていると考えればよい。

d2 defective
瑕疵（欠陥）がある

Manufacturing companies carry out careful checks on their products to avoid the risk of delivering goods which are **defective**.

「製造業の業界では瑕疵のある製品を納入しないように細心の注意を払って製品をチェックする。」

> この defective は defecting とならない。

d3 deflect attention, etc.
注意などをそらす

The series of earthquakes which have occurred in recent months **deflected** media and public **attention** from political issues.

「ここ数ヶ月の間に起こった一連の地震によって、政治問題からマスコミや民衆の注意がそれた。」

d4 delegate responsibility to others
（地位が下の）他人に責任を委任する

An effective leader is one who can **delegate responsibility to others** without ever losing control of how work on projects he is overseeing is progressing.

「有能なリーダーというのは自分が監督している仕事の進み具合を一切見失うことなしに他の人に仕事を回すことが出来る人である。」

ここの responsibility は単数の方が多いが複数も可。delegate が share であれば前置詞の to が with に代わる。

d5 deliver A to B

A を B に配送する

We will only **deliver** the order **to** the billing address in an attempt to reduce credit card fraud.

「我々はクレジットカード詐欺を減らす試みとして、注文品は請求書が行く住所にしか送りません。」

この場合 to の代わりに into を使用することはできない。

d6 design products

製品をデザインする

All companies want to **design products** that meet users' needs, but discovering those needs and translating them into specific product requirements is a unique set of skills.

「会社は全て利用者のニーズに合わせて製品を作ろうとしますが、そのニーズを発見し、そのニーズを反映した形の製品に仕上げるには特別な技術が要ります。」

products の代わりに production は使えない。

d7 detector

探知機

Passengers must enter the **detector** after they place all metal items on the trays.

「乗客はトレイに金属製品をすべて乗せてから探知機を通らなければなりません。」

d8 development team

開発チーム

Part 1

The dean will notify the **development team** of any changes to the planning schedule.

「計画スケジュールに変化があった場合はどのような変化でも学部長が開発チームに告知を行います。」

大学の学部長はこの dean 以外に provost を使う場合などがある。any changes は単数形の any change でも良い。changes はある一定の期間の個々の変化をまとまったものとして捉え、change は 1 つの変化が生じれば、その変化に対応し、次に又変化が生じれば、新たに対処するという捉え方となる。

d9 differing opinions

人により異なる意見

There are **differing opinions** about why the earth's atmosphere is warming and whether anything man does will slow down the phenomenon.

「地球温暖化の原因とその人的対策については人により意見が異なる。」

d10 discount certificates are transferable to

割引券は〜に使える

Simpsons Music Stores' **discount certificates** for CDs **are transferable to** other Simpsons Stores, but they may only be used to purchase CDs.

「シンプソンミュージックストアーの CD 割引券は他のシンプソン店でも使えますが、CD の購入に限られます。」

d11 discount ticket

ディスカウントチケット

Unless otherwise stated, refunds will not given on any discount tickets.

「払い戻し可と明記されていない限り、いかなるディスカウントチケットも払い戻しされません。」

d12 disposable income
可処分所得、手取りの給料

Disposable income is the money that you have left after paying taxes and fixed costs (such as rent/mortgage, food, car payments, insurance, etc.), which is available for spending and saving. It's the amount of money that you may spend on things that you want, not the money you spend on what you need.

「可処分所得はいうのは税金と、固定費（家賃（あるいは家のローン）食費、車の維持費、保険など）を払ったあとに残るお金である。このお金は使おうが貯めようが勝手である。言い換えれば、このお金は必要なものに対してではなく、好きなものに使えるお金である。」

かつては、discretionary money、discretionary income などと呼ばれることもあった。

d13 a dispute over
〜に関する論争

A dispute over who is responsible for the error in the estimated production costs caused much bad feeling within the company.

「製作コストの見積もりの間違いの責任が誰にあるのかという議論が起こったために、会社に気分の悪い空気が流れた。」

over が使えるからと言ってここでは above が使える訳ではないことに注意。

d14 document all transactions
全てのやり取りを文書として記録する

Supervisors need to **document all transactions** with outside organizations so that no problems arise relating to the payment of bills.

「管理責任者が外部の組織とのやり取りを全て文書に記録する必要があります。そうすれば請求書に対する支払いに関して問題は起きないはずです。」

bills「請求書」は accounts でも良い。

Part 1

d15 have doubled in size in the last ten years
この10年で規模が倍になった

The university **has doubled in size in the last ten years** as Departments of Art, Music, and Computer Science have been successively added.

「当大学は芸術科、音楽科、コンピューター科学科が次々と設立されたのでこの10年で規模が倍になりました。」

この場合の in the last ten years の前置詞は during は可。through/for/about は不可。つまり、10年という期間を1つの入れ物として捉えなければならないということになる。

d16 drape
布などで覆う

The fashion designer had created a simple, yet sophisticated effect by **draping** a gorgeous silk fabric over a simply cut long dress.

「そのファッションデザイナーは単純なカットの長いドレスの上に贅を尽くした絹の生地を纏わせる事で単純だけれど深い効果を作り出した。」

fabric の代わりに print「刺繍入りの布地」としても良いだろう。例文のような使い方を除くと drape の目的語には table がよく来るように思う。例）drape a table with a silk cloth「テーブルをシルクの布で覆う」

d17 durable material
丈夫で長持ちする材料

School and university cafeterias are usually equipped with chairs and tables made of the most **durable material** available.

「学校や大学の食堂は大抵可能な限り1番丈夫な材料でできた椅子とテーブルを使う。」

「プラスチックは丈夫な材料だ。」という時にも Plastic is a durable material. などと言う。

d18 during specified weekday hours
ウィークデイの決められた時間に

Interviews with immigration officials are granted only **during specified weekday hours**, so it is important to call the Immigration Office in advance to arrange a time for your visit.

「入管の役人との面接はウィークデイの決められた時間にしか認められません。従って、入管に行く場合は前もって時間を調整するために電話しておくことが肝心です。」

頻度は specified より落ちるが specific も可能。

e1 earnest money

手付金

If the purchase price is $50,000 or less, the amount of **earnest money** is $500.

「支払い金額が5万ドル以下の場合は、手付金の額は500ドルとなります。」

purchase price「支払い金額」。earnest money は他の英語で言えば deposit（次に money は要らない）、down payment などとなろう。

e2 easygoing man

気楽に考えている / 穏やかな、落ちついた / ゆったりとした / 男

The manager seems, on the surface, to be a very **easygoing man**, but when it comes to the image and reputation of the company, he can get extremely tough and demanding.

「そこの責任者は表面上はとてものんきに見えるが、こと会社のイメージや評判のこととなると極めて厳格で仕事に関して厳しくなる。」

e3 be eligible for

〜に適切である

Tom worked harder than any other student in his year in order to **be eligible for** a scholarship.

「トムは奨学金を取るために同じ学年のどの学生よりも一生懸命頑張った。」

Part 1

e4 elite companies
優良企業

University graduates looking for full-time work in **elite companies** are facing the worst job market in years.

「良い会社の正社員になるべくがんばっている新卒はここ数年でもっとも厳しい職環境に直面している。」

e5 endowments
寄付金

The university has received two large **endowments** from past students this year and plans to use them to develop the library's computer system.

「当大学は卒業生から2件巨額の寄付を頂きました。当校ではそのお金を図書館のコンピューターシステムを大きくするのに使いたいと考えております。」

e6 enthusiasm
何かをしたいという強い思い

Students say this year's curriculum contains nothing new and it seems it has failed to generate much **enthusiasm** among them.

「学生が言うには今年のカリキュラムは目新しいことが何もなくて、あまりやる気が出てこないものになっているということだ。」

e7 entitle the bearer to
あるものを持っていけば、その人に〜の権利を与える

Robert has some "wooden coins" that **entitle the bearer to** a free drink or dessert at the restaurant.

「ロバートはそのレストランに持っていけば、飲み物かデザートが1つ無料になる木製のコインを持っています。」

ズバリ頻出盲点英単・熟語

e8   be entitled to
〜の権利を与えられている（to の後ろは名詞も動詞もある）

Staff members who have been in continuous employment with the company for ten years **are entitled to** take three months' unpaid leave.
「10年間連続してここで勤務した人は無給だけども3ヶ月間の休暇を取る権利が発生する。」

e9   entry-level employees
新入社員

Even **entry-level employees** should be prepared to take responsibility for planning and carrying out the work assigned to them without supervision.
「たとえ新入社員であったとしても与えられた仕事は誰の助けも借りないで計画し、実行する心構えを持って下さい。」

e10   environmental groups
環境保護団体

Last year some **environmental groups** conducted a major campaign for the protection of the Manchurian Black Bear.
「昨年環境保護団体の中には満州の黒熊を保護すべし、という大規模キャンペーンを行ったところもあった。」

e11   environmentally responsible
環境に責任を持つ

The Green Foundation has launched an award for the most **environmentally responsible** organizations in three categories: production facilities, parks and recreation areas, and city centers.
「グリーン財団は3つの範疇、即ち工場部門、公園と市の公共物（体育館など）部門、町の中心部部門の中で最も環境に配慮した組織に対して賞を設けた。」

Part 1

e12 environmental pollution

環境汚染

Some forms of **environmental pollutions** become, over time, a major cause of health disorders. Radon, asbestos, water pollution, mold, lead and electromagnetic fields fall into this category.

「環境汚染のいくつかは長い時間の経過とともに健康を害する大きな要因となることがある。ラドン、アスベスト、水質汚濁、カビ、鉛、電磁波はこの範疇に入る。」

electromagnetic field 「電磁波が影響する範囲」。

e13 an equal portion of

〜の同量

Before applying the fertilizer to your houseplants, mix the contents of the bottle with **an equal portion** of water.

「肥料を室内の花にやる前にボトルの内容物の量と同量の水を混ぜてください。」

an equality portion とはならない。

e14 be equipped with

〜が装備されている

Until recently all our delivery trucks **were equipped with** a two-way radio, but recently cell phones have been found to be more convenient as well as less expensive.

「ごく最近まで配送用のトラックには全て双方向の無線が積んであったが、最近では携帯電話の方がコストも安いしより便利だということが分かってきた。」

e15 establish regulations for

〜に対する法律を創る

When it was discovered that almost all the wells in the region contained impurities, local authorities quickly **established regulations for** testing the quality of the water in wells in their own areas.

「その地域のほとんど全ての井戸に不純物が含まれていることが分ったことで、そこの地方自治体はすぐに管轄地域の井戸水の品質検査を行う法律を作った。」

> region の中に様々な area があると考えられる。local authorities「地方自治体」はイギリス英語。establish は動詞なのでその後ろの目的語には当然名詞が来る。

e16 ethical conduct
倫理的行動

Kube, Ltd., strives to maintain the highest standards of **ethical conduct** and corporate responsibility worldwide.

「クーベ（株）は地球規模で倫理的な行動と会社の責任に関して最も高い基準を維持すべく努力をしています。」

e17 eucalyptus trees
ユーカリの

A hundred of the world's 600 species of **eucalyptus trees** grow in the California woods. None is native. They were imported from Australia during the second half of the 19th century as California was selling its redwoods to Australia.

「600種のユーカリの木のうち100種がカリフォルニアの森で生息している。もともとその地が原産のものはない。19世紀の後半にユーカリの木はオーストラリアからカリフォルニアに輸入され、一方、カリフォルニアはセコイアをオーストラリアに売っていた。」

e18 exempt from something
何かから免除されている

Staff who are **exempt from** duties on the school sports day should remain in the staff room.

「学校の運動会の仕事から免除されているスタッフは必ずスタッフルームにいて下さい。」

Part 1

スタッフが何から免除されているかが前もって分かる場合には exempt staff となる場合もある。

e19 exercise regimen

定められた厳しい運動

An "intensive" diet and **exercise regimen** may help lessen the effects of lipodystrophy, an abnormal body fat condition that is associated with the effects of anti-HIV medication.

「集中的なダイエットと厳しい運動を行うことによって、エイズの治療薬の副作用で脂肪が減少する症状を緩和することが可能になるかも知れません。」

lipo- はギリシャ語で「脂肪」の意味で、「脂肪吸引」を liposuction という。

e20 extended-wear contact lenses

長時間の装着が可能なコンタクトレンズ

The price of **extended-wear contact lenses** has come down a lot since they first came on the market.

「最初に市場に出てから長時間の装着が可能なコンタクトレンズの値段が次第に下がってきた。」

e21 extractor fan

換気扇

An **extractor fan** is an essential piece of equipment in the modern kitchen because it eliminates cooking odors which might otherwise spread through the house.

「換気扇は今の台所には必要欠くべからざる機器である。というのはそれがないと、調理の臭いもなくならないし、家中に臭いが広がってしまいます。」

f1 factors contributing to

〜に貢献する要因

Factors contributing to the company's decision to shut down two of its factories include the economic slowdown, increases in wage demands, and the need to replace machinery if production were to be continued.

「持っている工場の内2つを閉鎖する要因は、不況と、高賃金の要求が強く、それに添えないことと、生産をこれ以上続けるには機械の入れ替えが必要になることなどである。」

ここの factors の主語には include は動詞としてぴったりくる。contribute には to が来ることにも注意。

f2 fashion line

一そろいの商品の型／ラインナップ（あるデザイナーの作ったジーンズ、ジャケット、スカート、ウェディングドレスなどの一そろい）

Ashley's new **fashion line** consists of sleepwear, sportswear, swimwear, footwear, and totally cool accessories.

「アシュレイの今度の商品のラインナップは寝具、スポーツウェア、水着、履物、そして非常にかっこいいアクセサリー類です。」

この fashion line は言い換えれば a collection of fashion designs for clothing となる。

f3 faulty

誤った

A high percentage of problems occurring with the most up-to-date PCs are caused by human error and **faulty** procedures.

「最新型のパソコンに発生する問題の多くは人的な錯誤と誤った使い方に起因する。」

f4 feedback

反応、フィードバック

Sports Community has created an award-winning game that has been refined and tuned in accordance with the **feedback** received from fans aged over 12 years.

「スポーツコミュニティ社は13歳以上のファンからの反応に応じて、洗練しファンに合わせるような賞を勝ち取るゲームを新たに作った。」

ここの the feedback の定冠詞はない場合もある。

Part 1

f5 feel responsibility to do
～しなければという責任を感じる（この場合日本語と違って英語は過去形になると実際にそうした、或いは、その実現に向けて努力した、という含みが出易い）

Even though the glitch in the newly started production line was not caused by any error of his, Mr. Black **felt a responsibility to** put it right so work could start on time in the morning.

「今度新たにスタートした生産ラインのミスは本人のせいではなかったのにブラックさんは次の朝には仕事が時間通りに行くようにミスを直そうとした。」

f6 feel the strain
負担を感じる

We at the information center in this city are **feeling the strain** of one thousand visitors each year. The flow never ceases, so we propose to extend the facility.

「この市のインフォメーションセンターで働く我々は毎年1000人もの人がこのセンターを訪れるので非常に負担を感じています。この流れは止まることはありません。我々としてはこの設備の拡張の提案を考えています。」

f7 fiberglass
グラスファイバー

When installing **fiberglass** or rock wool, wear loose-fitting clothes that won't work mineral fibers into your skin.

「グラスファイバーや石綿を入れるときは細かい繊維を肌の中に入れないために、だぼっとした服を着用しなさい。」

f8 finalize the deal
取引を締結する

ズバリ頻出盲点英単・熟語

They will likely have to wait for a meeting between Benjamin and Keith to **finalize the deal**.

「取引を締結するにはおそらく、ベンジャミンとキースの協議を待つ必要があるだろう。」

f9 finance charges

手数料

Families may pay tuition monthly over a 12 month period by arranging an automatic banking transaction. All **finance charges** are waived under this plan.

「家族の方は銀行の自動引き落としで12ヶ月の間、毎月授業料を支払うことができます。こうすると手数料が一切掛かりません。」

日本語の訳には英語の arranging が出ていないが、英語には必要で日本語には必要ない場合の例と考えられる。

f10 the first phase of

〜の最初の局面

The first phase of the new production plan went very smoothly and was completed on schedule.

「今度の例の生産計画の第1部はととてもうまくいったので第1部は計画通りに完成した。」

f11 fiscal policy

財政上の政策

The government's **fiscal policy** had not promoted the economic growth promised during the election campaign and was sure to become an issue in the next election.

「政府の財政政策は選挙戦の時に約束した経済の成長を後押しすることは結局なかった。従って、財政政策はその次の選挙においては必ず争点となるはずだった。」

この文では選挙はすでに終わっていることもこれからのことも有り得る。

Part 1

f12 fiscal year
会計年度

All claims for reimbursement of expenses incurred in this **fiscal year** must be submitted to the accounts department by the 15th of March.
「今年の会計年度内に発生した諸費用の払い戻しのクレームはすべて 3 月 15 日までに会計局に提出してください。」

f13 fishery subsidies
漁業の補助金

We will continue to work to address the problem of **fishery subsidies** that contribute to overfishing.
「魚の乱獲に寄与する漁業の補助金問題をまな板に乗せることはこれからも続けていきます。」

f14 flourish by itself
自分で勝手に立派に成長する

Mary planted many flowering plants in the garden around her new house, and, even though she didn't give them any care, they almost all **flourished by themselves**.
「メアリーは新しい家の周りの庭に花を沢山植えました。それで、殆どの花は全然世話をしなかったのにもかかわらず立派に咲きました。」

f15 focus group
(市場調査の用語) フォーカスグループ (番組・コマーシャル・製品などの開発に必要な情報を得るため、司会者のもとで集団で討議してもらう数人の消費者グループ)

In a **focus group**, you bring together from six to ten users to discuss issues and concerns about the features of a user interface.
「フォーカスグループでは 6 人から 10 人のユーザーを集めて、ユーザーインターフェース (ソフトウェアなどのユーザーが直接操作する部分) の問題点について討議してもらいます。」

f16 follow/take basic safely precautions

基本的安全予防策に従う

Repairing electrical equipment is dangerous if you don't **follow basic safety precautions**. Failure to follow the safety rules may result in serious injury or damage to your equipment.

「電化製品を自分で修理するのは安全な手続きに従ってやらないと危険なことになります。ルールに従わないと、その製品が傷ついたり、壊れたりすることもあります。」

f17 foolproof

間違いがない、確実に成功する

If it is strictly followed, the new system of quality controls soon to be introduced into all our factories should be nearly **foolproof**.

「真面目に規則に従いさえすれば、まもなく全工場に導入される品質管理の新しいシステムはほぼ完璧なはずである。」

f18 footbridge

（駅などの線路をまたぐ）歩道橋

The replacement of the **footbridge** will commence during the autumn of 2010, so that it may be necessary to undertake lane closures during the period.

「歩道橋の付け替え工事は2010年の秋に開始されます。従いまして、その期間中は車線の閉鎖が必要となることがあります。」

f19 for the best quality results

最高の結果を出すために

Part 1

For the best quality results, go for a megapixel model, which means that each picture will use a million or more pixels, ensuring excellent resolution.

「最良の結果を出すには、メガピクセルのモデルを使用してください。そうすれば、写真の1枚1枚が100万画素以上を使用することとなり、素晴らしい解像度が保証されます。」

f20 for inclusion in
〜の中に含むために

Each year, more than 30 academics from around the world choose over 500 works **for inclusion in** the handbook.

「毎年、30以上の研究機関が選んだ500以上の作品類をこのハンドブックの中に収録するのです。」

ここの handbook は1種の bibliography「著書目録」の意味で使っている。

f21 for lease
賃貸用で

Kevin Brandt, leasing representative for Stafford Properties, said about 6,200 square feet are still available **for lease** in the complex.

「ケビンブラントはスタッフォード不動産で働いている賃貸関係の責任者ですが、彼によると、その複合施設のうち6200平方フィート程度はまだ賃貸に回せるとのことです。」

この complex「複合施設」は要注意。

f22 forthcoming
あることに関して喜んで情報を提供しようとする

Nobody seems to be very **forthcoming** about how exactly the charity work is done and about its financing.

「その慈善事業がどのように行われているのか、お金はどうなっているのかについては、誰もが口ごもっているように見える。」

ズバリ頻出盲点英単・熟語

f23 forthright
率直な、ずばりと言うような

In Japan, Americans are famed for their **forthright** style of communication. There are, however, significant variations in that respect.

「日本ではアメリカ人はストレートな物言いをすると思われているが、実際にはその点に関してはかなり幅がある。」

f24 from the date of purchase
購入日から

All our electrical appliances are guaranteed for one year **from the date of purchase**.

「当社の電化製品は全て購入日から１年間の保証が付いています。」

電化製品は electric appliances よりも electrical appliances の方が普通。

参考例 of the date of purchase　　購入日の

If you wish to exchange or return goods, please be sure to do it within two weeks of the date of purchase or we will be unable to make an exchange or a refund.

「商品の交換や返品を希望される場合は購入日から２週間以内に申し出て下さい。それ以外の場合は交換や返金に応じることは致しかねます。」

f25 full-face color photo
顔がはっきりと写っているカラーの写真

In order to take this special exam, Tobin Co. requires fingerprints and a **full-face color photo** for proper identification purposes.

「この特別試験の受験に際しては（株）トービンは厳密な身分照会のために、指紋と顔がはっきりと写っているカラーの写真を要求いたします。」

Part 1

f26 function
人の集まり、パーティー

Rhodes has been the center for business and social activities for generations. Accommodating groups from 50 to 2,500, our ballroom is the ideal setting for meetings, seminars, trade shows, theater, dancing or any social **function**.

「ローズは何世代にも亘ってビジネスと社会活動の中心であり続けています。50人から2,500人の人を収容できるので、ここの舞踏室は会合、セミナー、商品展示会、映画鑑賞会、ダンスなどどんな社会的集まりにも理想的な環境を提唱できます。」

単に gathering と言っても良い。

類例 The basketball club hosts several social functions during the season. These give both players and parents a chance to become friends.

「そのバスケットボールクラブはシーズン中、何度となくパーティーを開きます。そのパーティーで選手とその両親達がともに仲良くなれるのです。」

f27 funded by
〜によって経済的に援助された

Research **funded by** McWilliams Developments into damage being caused to the environment in coastal areas has prevented several species of birds from losing their nesting grounds.

「マクウィリアムズ開発によって資金提供を受けた湾岸地域における被害の研究によって鳥類が何種類か巣を作る場所を失わずに済んだ。」

ここの funded は research が資金提供を受けるので過去分詞になっているので、現在分詞には出来ない。

f28 fundraising drive
ある目的のために皆で頑張ってお金を集めること

The success of the **fundraising drive** depends on members of the Penn Tech community understanding the need for the campaign.

「お金をどれだけ集められるかはペンテックの人間がその運動の必要性をどれだけ理解しているかに掛かっている。」

fundraising effort などということもあるようだ。政治家がお金を集める目的でやるパーティーを fundraising dinner、fundraising party などということがある。

f29 further evidence of

～の更なる証拠

The publication of John Thompson's second book only a year after his first is **further evidence of** his talent as a writer.

「ジョン・トンプソンが1冊目の後たった1年で2冊目を出したということは取りも直さず彼のもの書きとしての能力を更に表しています。」

further evidence of his talent as a writer は彼が2冊目を書いたことそのこと自体とそれが非常に早く書かれたこととのミックスだと考えればよい。

g1 garment industry

服飾関係の産業

Throughout the world, the **garment industry** is shaped by low wages, long hours and child labor. The pattern of exploitation crosses borders from the factory to the home.

「世界のどこでも服の製造は低賃金、長時間労働、子供の労働で成り立っている。搾取の構造は工場を超えて家庭にまで及んでいる。」

後半部分の意味は仕事が忙しすぎて、家庭にまで仕事を持ち込んで内職をしている場合や親が家庭にいる時間がなくて家庭に影響を及ぼしていることなどが想像できる。

g2 genuine

純正の

We strongly recommend that you continue to use only **genuine** Carter brand products when you replace your toner cartridges.

「我々はトナーのカートリッジを交換する際には純正のカーター製のもののみを使用することを強くお奨めします。」

replacement と名詞が使用されていれば、以下のようになるだろう。…Carter brands for replacement of toner cartridges.

Part 1

g3 get around/round to
〜する時間ができる

When I went to London, I really meant to call my old girlfriend, but somehow I never **got around** to it.

「ロンドンに行った時、昔の彼女に電話しようかどうか迷ったんだけど、結局できなかった。」

昔の彼女「ex-/former/old girlfriend」。

類例 When I get around to it, I have to clean those windows.

「(後回しにしてるんだけど) ちょっと時間ができたら、窓を拭かなきゃ。」

when I get around to it というのは、本当はやる気もないのに一応やる気はあるというポーズを見せている場合が多い。昔、アメリカ人の女性にもらったプレゼントでそのフレーズをしょっちゅう言っているけれども一向に実行しない人のために彼女の親父が作ったプレゼントがあるということで、以下のようなものをもらったことがある。
丸い形の木でできた円盤のようなもので、中に TUIT と書いてあった。これは when I get *around to it*「(やる気もないのに) それをやる暇ができたら (やるのにな)」と when I get *a round TUIT*「私が丸い TUIT を手に入れた時には」をかけたものだった。

g4 a government commission
政府委員会

The government commission set up to investigate the possibility of privatizing public corporations released its recommendations last week.

「公団を民営化しうる可能性について調査する目的で設立された政府委員会が先週報告書を出した。」

g5 government service
政府での仕事

Samuel Henry, who was educated at a Wesley High School at Cape Coast, had a notable career in **government service**.

「サミュエルヘンリーはケープコーストのウェスリー高校を卒業し、政府内で目立つ仕事をした。」

ズバリ頻出盲点英単・熟語

h1 hand over power to
権力を渡す

The president will **hand over power to** the next president when his term is over.

「社長は任期が終われば、次の社長に権力を譲り渡します。」

h2 have sold
売った

Altogether, this book **has sold** more than 100,000 copies, which is an almost unheard of sales record for a book about linguistics.

「全部足すと、この本は10万部以上売れたことになります。これは言語学を扱った本としてはほとんど聞いたことがないような売り上げ高です。」

ここの has sold は was sold とはならない。

h3 heat wave
猛暑

This year's **heat wave** has led to a extensive fires in and around Goldwood Forests.

「今年の猛暑でゴールドウッドの森の広範囲に亘って山火事が発生した。」

逆に「寒波」は cold wave、severe cold、severe cold spell などと言う。

h4 highly anticipated
前評判が高い、皆に非常に期待されている

The All-New TV Channel is offering ten pairs of tickets to the premier of the **highly anticipated** movie about the life of Ray Charles.

「オールニューテレビではレイチャールズの生き様に焦点を当てた前評判の高い映画の試写会の招待券をペアで10名様に差し上げます。」

Part 1

「評価が高い」というときには highly esteemed、highly regarded などと言える。premier は first showing といっても良い。premier の時には出演しているスターがやって来るという含みもある。

h5 highly qualified

非常に能力の高い

There were no **highly qualified** candidates among the applicants for the position, so management has decided not to appoint anyone in the meantime.

「そのポジションに相応しい優れた人は申し込みをしてきた人の中には居なかったので、経営者側は暫くは誰も採用しないことに決定した。」

h6 highly qualified candidates

能力の高い選び抜かれた候補者

The company carefully scrutinized the CV and references of all those applying for the job and called only **highly qualified candidates** in for an interview.

「会社はその仕事に応募してきた応募者全員の履歴書と推薦状を細かくチェックした。その後能力のありそうなものだけを面接に呼んだ。」

qualified を修飾する言葉として highly はぴったりする。
CV = curriculim vitae（履歴書）

h7 hold a variety of

様々な〜を保持する

This extra durable translucent finish storage container is perfect for **holding a variety of** different items.

「この極めて頑丈な半透明に仕上がっている入れ物は様々な品物を入れるのにぴったりです。」

この語句は不定冠詞の a が必要。

ズバリ頻出盲点英単・熟語

h8 home-improvement books
住宅改良のための本

Home-improvement books are widely published in the United States, which confirms my belief that people care about the comfort, convenience and style of their homes.

「自分で家を改良するための本はアメリカで広く出版されているので、私は人々が家の快適さ、便利さ、スタイルに関心を持っていることを確信している。」

h9 homeowners
家持の人

By following Meyer's Air Quality Control Co. recommendations, **homeowners** can save on their energy bills and increase the comfort and indoor air quality of their homes.

「メイアーの空気の品質管理会社のお薦めに従うと、家持ちの人は電気、ガス、水道料金が安くなり、家の雰囲気も良くなり、家の中の空気も良くなります。」

i1 ideal for
〜に最適で

One of our suppliers has just shown us some samples of fabric that will be **ideal for** our new range of sofas.

「（布を提供してくれる）取引のある会社のうち1社が我々の考えている新しいタイプのソファにぴったりの素材のサンプルを最近見せてくれました。」

叙述用法の ideal には意味から考えて for がくるのが自然。

i2 identical copies
まったくの同じもの

Gene cloning is the production of many **identical copies** of a gene.

Part 1

「遺伝子のクローンを作るということは遺伝子の同一のコピーをたくさん作ることに他ならない。」

姿かたちがあまりに似ている2人を指して、They are identical copies. ということなどもある。

i3 **impeccable taste**

完全無欠の審美眼

The sculpture chosen for the lobby of the new building harmonizes beautifully with the interior and shows the designer's **impeccable taste**.

「新しい建物のロビーに置かれた彫刻は内装と実に見事に溶け込んでおり、デザイナーの完全無比な審美眼を証明している。」

コロケーションとしてよく見かける。show は display、prove でもほぼ同じ意味になる。

i4 **implement**

実行する

The town of Hainesville has decided to **implement** an extensive conservation program in order to preserve endangered plant and animal species which inhabit the forests and wetlands surrounding the town.

「ヘインズビルという町の人はそこの森や湿地帯に棲息する絶滅の危機にある動植物を保護するために広範囲にわたる保護の活動を実行することを決定した。」

i5 **impurities have been found in**

〜に不純物が見出される

Impurities have been found in the town's water reservoir, the presence of which are believed to be connected with the intensification of agriculture in the area in recent years.

「不純物が町の貯水池で見つかったのだが、その発生原因はここ何年が近隣で農業に力を入れ過ぎたことによるものと考えられている。」

農業に力を入れ過ぎた結果大量の肥料を使ったことにより不純物が入ったのであろうと推察出来る。intensification は別の観点から言えば growth と言い換えられる。impurity「不純、不潔」は通例単数扱いだが、「不純物」と言うように具体的な物体の意識が強くなると数えられる名詞となって複数形を取ることが多い。

ズバリ頻出盲点英単・熟語

i6 any inaccurate information on
〜の如何なる不正確な情報も

Checks of labels on the packaging of food products have become much stricter and **any inaccurate information on** labels will cause serious problems for the marketing department.

「食べ物の包みの表示の検査は今までよりずっと厳しくなりました。従って表示が僅かでも不正確であれば販売部が大変なことになります。」

i7 incentive
動機付け

The prospect of a better job acts as an **incentive** to apply for a place in an internship program.

「もっと良い仕事に就けるかも知れないという思いが動機付けとなって、インターンシップに申し込む人がいる。」

複数形で使われることも多い。

i8 in chronological order
古いものから順に

It's always better to list the results of the exams in **chronological order**.

「試験結果は古いものから順番にリストを作っておいた方が良い。」

ここの試験結果は outcome では意味が広すぎて不自然。試験を行ったこと自身がとんでもない結果を招いたという意味にもなりえる。

i9 in complete agreement on
〜に関して完全に一致して

Scholars are not **in complete agreement on** the history of the early Church, or the teachings of the early Church.

Part 1

「学者達は初期のキリスト教の歴史、或は初期のキリスト教の教えに関して意見が完全に一致しているわけではない。」

i10　in contrast to most of the other〜

その他の殆どの〜と比べて

In contrast to most of the schools in the inner city area, Greenpark High School has extensive sports facilities including a large gymnasium, a swimming pool, tennis courts and a football field.

「この町の中心部にある大抵の他の学校と比べてグリーンパーク高校は巨大体育館、プール、テニスコート、フットボール競技場を含め幅広いスポーツ設備が整っています。」

the inner city area「町の古い狭い範囲の中心部」

i11　in decline

落ち目で

Innovative activity is most needed but looks least attractive when stock markets are **in decline** and economic growth slows down.

「革新的活動というものはもっとも必要とされるが、株価が低調で、経済の成長率が落ちているときには人の目には最も魅力のないものに映る。」

i12　indicative of

〜を表す

The success of a product in the laboratory is not always **indicative of** its success with consumers.

「実験室での製品の成功が必ずしも、消費者に関しての成功を意味するわけではない。」

i13　in an effort to better serve the public

一般民衆にもっと奉仕する努力として

In an effort to better serve the public, a careful study will be made of the need for a child care center in the fast developing Marsden Shopping Mall area.

「一般市民に利するようにと最近急激に発展してきたマースデン商業地区に於ける児童養護施設の必要性について慎重に研究がなされる予定です。」

> child care は 2 語にすることの方が多いが 1 語にするときもある。この様な場合の area の a は大文字にする場合もある。better serve the pubic は serve the public better のことである。in order to better serve the public となっても良い。

i14 in the exact condition that they are gathered

それらが集められた通りに全くそのままの状態で

Items which may have to be used as evidence must be preserved **in the exact condition that they were gathered**, so police officers always work with great care at the scene of a crime.

「証拠として採用されるブツは採集されたそのままの状態で保存する必要がある。従って、現場では警察は常に細心の注意を払って仕事をしている。」

i15 in-house staff

内部の職員

The teaching materials used by the Umemoto English School are all prepared by **in-house staff**, so they are well suited to the learning needs of the students.

「梅本英語学校で使われている英語の教材はすべて内部で実際に教えている教員が作ったものなので学生が求めるものにぴったり符合している。」

> the learning needs of the students「学生が英語を学ぶ際に英語を何に使いたいのか（仕事で要るのか、旅行で要るのか）という学生の側の要求」。the learning requirements of the students としても良い。so の部分からパラフレーズすれば以下のようになろう。..., so that they will give the students the kind of English they need/the kind of English that suits their purpose.

Part 1

i16 **innovative**
革新的な

Benson Fidelity Life Insurance Co. provides **innovative** products designed to meet the specialized needs of career military and municipality workers.

「ベンソンフェディリティライフ保険(株)は職業軍人と市職員のニーズにぴったり合せた革新的な商品を提供します。」

保険の商品に対しても product を使うことができる。

i17 **in order for the discount to apply**
割引が適用されるためには

Customers must purchase two or more items **in order for the discount to apply**.

「割引を受けるにはお客さんは2つ以上の商品を購入しなければなりません。」

i18 **in order of preference**
好みの順に

Instant runoff voting (IRV) is a voting reform that asks the voter to rank the candidates **in order of preference**. It is simple, common-sense reform that will greatly improve our democratic process.

「即時決定投票方式は有権者に第1希望から順に好みに従って候補者に投票をしてもらうという新しい投票の仕方です。このやり方ですと、簡単明瞭で良識にそむくことなくより民主的であると言えます。」

この語句を使う場合は rank「順序付ける」という動詞と共に用いられたり、投票というコンテクストで用いられることが比較的多い。runoff は「第1回目の投票で当選者が決定できない時に行う第2回目の投票のことである。」

ズバリ頻出盲点英単・熟語

i19 be inspected for defects
瑕疵（欠陥）がないかチェックされる

In compliance with the regulations, the toys we manufacture **are inspected for defects** before leaving our factories

「規則に則って、ここで作っている玩具は工場から出る前に瑕疵がないかチェックされます。」
ここの for は 1 種の方向や関心を表しているのだろう。

i20 insulation
（防音、防熱などのために使用する）絶縁体

Never smoke when working with **insulation** materials because some types of insulation are highly flammable.

「絶縁体の中には極めて燃えやすいものがあるので、絶縁体を使って作業している時はタバコは厳禁です。」

i21 insurance agent
保険の代理人、代理店

Search for an **insurance agent** near you and ask him if he has the authority to make a decision without consulting his supervisors.

「近くにいる保険の代理店を探して、そこの人が上司の許可なしで決済ができるのかどうか聞いてみなさい。」

i22 intake vent
外の空気の吸い込み口

The filter component will begin to work when it is attached to the **intake vent**.

「フィルターは外の空気の吸い込み口に取り付けられると、その働きを開始します。」

part 1
part 2
part 3

Part 1

i23 interim manager
臨時の責任者

Ms. Simpson agreed to take on the position of **interim manager** at very short notice on the condition that the board offers her the position of permanent manager before the end of the year.

「シンプソンさんは評議員会が今年の末までには自分を専任のマネージャーにするという条件で臨時のマネージャー職を急遽引き受けた。」

at short notice「急遽（without giving much warning）」。

i24 in times of
〜の時に

Even **in times of** slow economic growth, Knox Co. always showed a good profit and is now the oldest established business in the town.

「景気が悪い時でもノックスは常に利益を確保し続け、今では町で1番古い会社となった。」
この言い方は頻出。

類例 In times of prosperity, department stores tend to increase the floor space devoted to jewelry and brand name goods and designer label clothes.

「景気のいい時にデパートは宝石、ブランド品、デザイナーの名前が入った服のフロアースペースを広げる傾向がある。」

i25 invoice
インボイス、商品の納品書、明細書を兼ねた請求書

The articles listed on this **invoice** have been imported from overseas.

「この請求書に記載されている品物は海外から輸入したものだ。」

ズバリ頻出盲点英単・熟語

i26 irritants
刺激物（洗剤、染料、石鹸、チョークなど）

BeauSkin, Inc., provides you with a protective barrier cream to help protect skin from **irritants**.

「(株)ビュースキンは刺激物からお肌を守るために保護バリアークリームを提供させていただきます。」

i27 issue payment
支払いをする

ShizuWeb. com will **issue payment** once a month.

「シズウェブ．コムは1ヶ月に1度支払いをします。」
　issue paychecks「給料をはらう」ということもある。

i28 It is advisable to
〜することが望ましい

It is advisable to tell someone of your destination and planned time of return when you go hiking or mountain climbing.

「ハイキングや登山に行く際は目的地と帰ってくる時間を誰かに伝えておくことが望ましい。」
　advisable であって、advice/advisory/advising などとはならない。it is recommended to と近いといえるかも知れない。

i29 It is essential that
〜は必須である

It is essential that no one but the three researchers involved in the experiment be admitted to the lab while it is underway.

「実験中は実験担当の3人の研究者以外は誰も部屋には入れません。」
　underway「進行中の（で）」は2語に分けるより1語の方が普通。

Part 1

i30 It took longer than we anticipated to
〜するのに予想よりも時間が掛かった

It took longer than we anticipated to finalize the arrangements for the director's visit.

「役員の訪問の準備を終えるのに思っていたよりも時間が掛かった。」

時間が掛かる、というときに take を使うことに注意。make は使えない。director「役員」に比べると manager「監督者」の方が現場にいるという含みが強い。

i31 It was with great disappointment that
〜ということでとても残念でした

It was with great disappointment that I heard about my brother's plan to cancel his visit to me because of business commitments.

「仕事が忙しいということでお兄ちゃんがこっちに来られなくなったというのを聞いてとても残念です。」

disappointment には big、great、major などの形容詞がしばしば付く。It was a great disappointment の形だと不定冠詞の a が付き、It was with great disappointment の時には a が付かない。前置詞 with を伴う場合の方が後に続く名詞の抽象度が上がっているのではないかと推察される。前置詞の後ろは目的語が来るので動詞や分詞の disappoint、disappointed は来れないし、動名詞の disappointing も名詞 disappointment が既に存在するためにブロッキング現象が起こって、より本家本元の名詞である disappointment に前置詞の目的語の地位を譲ることになる。

i32 It will be the first time in
〜の年月の中で初めて、〜振りに

According to the Fisheries Agency, Japan will catch 10 sperm whales and 50 Bryde's whales in addition to the 100 minke whales that it has been catching for research purposes in the northwestern Pacific Ocean for the last six years. **It will be the first time in** 13 years that sperm and Bryde's whales have been caught.

「水産庁によると日本はこの６年間の間に太平洋北西沿岸部において調査捕鯨の名目で捕ま

ズバリ頻出盲点英単・熟語

えた 100 匹のミンククジラに加えて 10 匹のマッコウクジラと 50 匹のニタリクジラを捕獲することになっています。マッコウクジラとニタリクジラが捕獲されるのは 13 年振りになります。」

この in のところに for/since/at などを入れることは出来ない。この文はたまたま日本の捕鯨に反対の立場の人が書いた文だが、著者が必ずしも捕鯨に反対している訳ではない。著者はむしろ捕鯨に賛成の立場である。

j1 **job hunting**
就職活動

One common reason people choose to attend graduate school is to postpone **job hunting** and remain in an academic environment.

「大学院に進学する 1 つの理由としてよくあるのが就職活動を遅らせて、アカデミックな雰囲気の中に留まりたいというのがあります。」

an academic environment が the academic environment と な る と which academic environment? という質問を誘発する。

j2 **job offer**
会社からの仕事の申し出

The **job offer** I received from TAC Inc. pays quite a bit more than my current base salary.

「タック(株)からの仕事のオファーは現在の基本給よりもずっと高い。」

j3 **job search**
仕事を探すこと

It is important to know how to avoid falling victim to a **job search** related identity scam.

「仕事探しをしている時に自分の個人情報が（いつのまにか）盗まれてしまうようなことから自分を守るにはどうすればよいかを知ることは大事である。」

類例　Beginning a job search requires first and foremost the updating of one's resume.

Part 1

「仕事探しを始めるにあたっては先ず最初に履歴書を最新の情報に書き直すことから始める必要がある。」

first and foremost「先ず第1に」。仕事探しを考えているは plan a job search。

k1 keep something out of the reach of children
子供の手の届かないところに〜を置いておく

All parents should be warned to **keep medicines out of the reach of children**, flush old medicines down the toilet, and practice good safety habits in the home.

「すべからく親は薬は子供の手の届かないところにおくべきであり、古くなった薬はトイレに流し、家では安心できる行動をとる習慣付けをするべきである。」

out of の代わりに away with は不可。away from は可。「医薬品一般」という意味であれば、単数でも使う。

k2 keep up with
〜に遅れずについていく

We always have to **keep up with** what is happening all over the world.

「世の中で起こっていることには常に遅れずについていくことが肝要だ。」

k3 know how to make his policies appealing to
自分の考えを〜にアピールする仕方を知っている

It is essential for a successful politician to **know how to make his policies appealing to** the public.

「政治家として成功を収めるには自分の政治信条を一般大衆にきっちりとアピール出来るということが必須である。」

know how to は非常に良く使われる言い回し。意味的には can に近づく。

I1　lack the maturity required for

〜に必要な成熟度を欠いている

The new section manager was only 23 years old and **lacked the maturity required for** the job of supervising the twenty girls working under her.

「今度の新しいセクションマネージャーはまだ若干23歳で配下でその20人の女性を働かせるにはまだまだ物足りない。」

　　lack は他動詞なので次に名詞である目的語を取る。従って、maturity は良いが、mature はだめ。the twenty girls と言うことはマネージャ担当の20人ということを表している。

I2　a large variety of

種種雑多な

Kevin has **a large variety of** maps in his collection, including one drawn in the 16th century.

「ケビンは色々な種類の地図をコレクションしている。その中には16世紀に描かれたものまである。」

類例　The city has a very cosmopolitan population, so there is a large variety of very good foreign restaurants to choose from.

「その街はいろいろな国の人が数多く住んでいるので、選ぶのに困るほど様々な素晴らしい外国のレストランがある。」

I3　a late(-)payment fee of

(〜額)の遅延支払い額

After ten days, **a late payment fee of** $25 will be assessed unless prior arrangements are made due to extenuating circumstances.

「情状酌量の余地があり、前もって連絡している場合を除いて、10日過ぎると遅延料として25ドル頂きます。」

　　late と payment の間にはハイフンが入る場合も入らない場合もある。

Part 1

14 lavish
贅沢な

Robert invited me to a **lavish** party, celebrating his tenth year of managing the sushi bar, with more food than we could possibly consume.

「ロバートは自分の鮨屋さんの 10 周年記念の豪勢なパーティーに私を招待してくれた。そこではとうてい食べきれない量の食事が出た。」

15 learn to speak two languages fluently
２つの言葉を流暢に話せるようになる

Kaz worked in the Rome Office of a large English bank for seven years, so he **learned to speak two languages fluently** during the time he was in Italy.

「カズは大きなイギリスの銀行のローマ支店で７年働いたので、イタリアにいる間に２言語を操れるようになった。」

意味として成立しても fluently の代わりに、例えば、customarily を入れることは出来ない。この場合は特に learn との親和性が低くなる。use であれば、良くなる。He used two languages customarily (＝ on a daily basis)。「彼は日常の言語として２つ使用した。」

16 lenient return policy
寛容な返品の考え方

We pride ourselves on having the most **lenient return policy** in our industry.

「我々はこの業界では返品については最もお客様の立場に立った考え方をしています。」

17 letter of commendation
賞賛の手紙

Employees are rewarded with a special day-off, and their supervisors are sent a **letter of commendation** to notify them of the employees' accomplishments.

「社員は特別休暇を貰い、上司には当該の社員の出来を知らせる賞賛の手紙が送られます。」
　　インフォーマルな場合は letter of praise となる。

I8 letter of consent

同意書

Students planning to go to America on our study tour must get the **letter of consent** signed by a parent or guardian and submit it by the end of this month.

「この研修旅行でアメリカに行くことを計画している学生は親かそれに相当する人がサインした同意書を今月の末までに提出してください。」
　　ここの letter of consent に the が付いているのは、こちらの側が用意した指定の用紙、という意味合いがあるからである。一般論として語る場合は a が普通であろう。guardian は法に基く後見人といいたい時には legal guardian などと言う。

I9 letter of reference

推薦書

It is my pleasure to write this **letter of reference** for Jennifer Horne, a graduate of the Business Information Management Course at this university.

「当大学でビジネス情報マネージメントコースを卒業したジェニファー・ホーンの推薦書については喜んで書かせてもらいます。」

I10 liable

（法律上）責を負うべき、責任ある

Managerial employees cannot be held personally **liable** for decisions they make on behalf of their employer.

「経営者が管理する従業員は雇い主の代わりに行った決定に対して個人的に責任を問われることはありえない。」

Part 1

I11 liquidate

（財産を）処分する、売る、手放す

The Clarksdale District School Board has decided to **liquidate** some of its surplus assets.

「クラークスデール地区の教育委員会は余っている自前の土地、建物を処分することを決定した。」

単語の形をみればわかるように、液体のように溶かしてしまう、というイメージをもつ。School Board は教育委員会であって、PTA ではない。

I12 long distance drives

長距離の運転

During **long distance drives**, you need to be wide awake and very alert. If you feel drowsy, you should stop frequently to take a rest.

「長距離を運転する時は目をパッチリと見開いて、しっかりと注意することが必要です。眠い時は頻繁に車を止めて休憩を取りなさい。」

I13 long-standing commitment to

（～に対する積年の言質［公約］に由来する）拘束、献身、傾倒

Intertouch's **long-standing commitment to** world-class customer service assures customers prompt and courteous assistance.

「インタータッチは昔から世界水準を越える顧客サービスを提供しているのでお客様にはすばやい、且つ、丁寧なお手伝いを確約いたします。」

類例 Our long-standing commitment to workforce diversity has evolved into a legacy of leading social change.

「我々が長きにわたって色々な分野に労働力を分散してきたことによって、社会の変化を先取りする伝統が出来上がった。」

l14　be a long way off
長い道のり

Experts are working hard at finding ways to predict earthquakes but the guarantee of reliable predictions **is still a long way off**.

「専門家の人たちが地震の予知方法について研究を重ねていますが、本当に信頼に足る予知ができる地点まではまだまだ長い道のりです。」

l15　a loyal clientele
固定客

The eye doctor at that hospital has a **loyal clientele**, so if you don't make an appointment, it's almost impossible to see him because he is so busy.

「そこの病院の目医者さんには固定客がいて普段から忙しいので、アポをとっていないと見てもらえることは先ずない。」

普通のお店の固定客は loyal customers となる。しかし、そのような場合でも a loyal clientele もある。

l16　lumberyard
材木屋、材木置き場

Yarger's **lumberyard** is owned by W.W. Yarger, supplier of rough lumber.

「ヤーガーの材木置き場は W.W. ヤーガー、つまり、荒板の納入業者が所有しています。」

m1　make more sense for
〜に対してもっと意味がある

The restaurant proprietor found a charming old house a few kilometers out of town, which he thought about converting into a new restaurant but finally decided it would **make more sense for** him to look for more conveniently located premises.

Part 1

「そのレストランのオーナーは町から数キロ離れたところにある素敵な古色蒼然とした家を見つけて、そこをリフォームして新しくレストランとしてオープンしようと考えたのですが、結局はもっと便利なところを探したほうが良いと判断しました。」

m2 manageable goals
無理のない目標

The best way to attain your ideal weight is to set **manageable goals** by maintaining a nutritious but low calorie diet program.

「理想の体重を獲得する1番良い方法は栄養があるけれどもカロリーが低い食べ物のプログラムを続けることだ。」

m3 may be of interest to our clients
お客様に気に入ってもらえるかも知れない

We have a large range of catalogs which **may be of interest to our clients**, who need only call us on our free dial number to obtain them.

「おそらくお客様に気に入ってもらえるカタログを各種取り揃えております。カタログが御入用でしたら私どものフリーダイヤルの番号におかけ下さい。」

need only do はある程度固定した表現。You need only say the word.「一言言えばそれでいいよ。(相手の発言に対して Yes. や Please. などの返答)」などと言う。ここの interest は他の言葉 interests/interesting/interested に代えることは出来ない。このような基本的なこともあせっていると存外間違えてしまう。guest は「家にくるお客さん」、customer は「商品を買うお客さん」なのに対して client は「情報やサービスを買うお客さん」。従って上の文は情報やサービスを買うお客さん、ということになる。商品の購入者ということにしたければ customers となる。customer の意味をもう少し詳しく定義すれば「特定のお店で商品を買い、そのお店の売り上げに貢献している人」というような意味になると思われる。その中で購入先の店の特定性が薄れて単にウインドウショッピングをしている状態に近ければ shopper となり、非常に高いものか大量にものを買うという意味が加わるか、或いは、品物の売り買いそのものを生業にしているような場合は buyer となり、customer 全体を消費の観点から捉え直すと consumers になる。

m4 medical topics
医学的話題

The **medical topics** taken up on many TV programs are watched eagerly by people who are concerned to maintain their health.

「よくテレビで取り上げられる医学関係の話題は健康に関心の高い人が熱心に見ています。」

m5 medication

医薬品

When using Zeroflex, as with any drug or **medication**, side effects can occur. It's important to be aware of what the possible side effects of Zeroflex could be before taking the medication.

「ゼロフレックスを使う際は、他の医薬品と同じく、副作用の可能性があります。服用の際はどのような副作用が起こりえるか認識しておく必要があります。」

> drug は服用するものとしての薬で、普通は飲み薬、medication はより一般的な意味での薬で、飲み薬とは限らず、塗り薬、点眼薬なども含まれる。

m6 medicinal uses

医学的な使用

Many of the plants we now think of as weeds were once valued for their **medicinal uses**.

「我々が今は雑草だと認識している植物も多くはかつては医薬として価値があると考えられていた。」

m7 mobile phones with built-in-camera

カメラ付携帯電話

It is said that **mobile phones with built-in cameras** inspire university students' creativity but interfere with their concentration.

「カメラ付携帯電話は大学生の創造性を高めるが、集中力の低下を招くと言われている。」

Part 1

m8 most agreeably located
最も条件が快適な場所の

The Mountain Oaks Convention Center is one of the **most agreeably located** centers of its kind in the State, situated as it is in the midst of forest-covered hills and fronting onto beautiful Lake Henderson.

「マウンテンオークスコンベンションセンターはこの州の中ではこの手のものとしては最も条件が整っているセンターの1つです。森に囲まれた丘陵地帯で、美しいヘンダーソン湖に面しています。」

situated as it is は because it is situated とパラフレーズできる。most conveniently located でも意味は近いだろう。

m9 most likely to win the contract
恐らく契約を取りそうで

Gaspar Construction has a reputation for maintaining quality while working to tight construction schedules and so they are **most likely to win the contract** for the new building.

「ガスパー建設は厳しいタイトな建築計画に合わせて仕事をする上にそれでいて質は落とさないということで新棟の契約をとる可能性が高い。」

ここの win は単に「勝つ」ではなくて「勝ち取る」。この形になるのは他に most anxious to win「何とか勝ち取りたいとおもっている」、most prone to win「談合で勝ち取りそうだ」などがある。

m10 the most successful of
～のうちで最も成功している

Williamson's Art Gallery's exhibition of works by artists from within the state was **the most successful of** the gallery's exhibition this year.

「州の中の芸術家の作品を集めたウィリアムソン美術展は今年の絵画展のうちで1番のヒットだった。」

the most successful は the most success とは出来ない。

m11 mouldings/moldings

繰形（くり形）、壁の上に長く張った蛇腹、木の家の柱などに見られる装飾。壁やドアなどの1部を飾るためにある特定の形に仕上げられた木やプラスチックや石

This will lead to a more reliable process, improved productivity and production of **mouldings** of higher quality.

「このようにすることによってより信頼のおけるプロセスにもなり、生産性も上がり、より高品質のモールディングを作ることも出来るのです。」

類例 Old fashioned timber moldings are much in demand because of the large number of century-old houses being renovated to suit modern life styles.

「古いタイプの木材の蛇腹の需要は大きい。というのは建ってから100年も経つような古い家の多くが今風のライフスタイルに合わせるためにリフォームをしているからである。」

n1 native of

〜の出身者

Although I am a **native of** San Antonio, I moved to North California, where, at the age of 25, I became fascinated with the plant life there and later studied botany at NCSU.

「私はサンアントニオの出身ですが、ノースカロライナに引っ越しまして、引越しと同時に、25歳の時に、そこの植物に興味を持ちました。ノースカロライナ州立大学で植物学を勉強しました。」

n2 need to be considered individually

個別に考慮されなければならない

The ideas for helping students who have lived or studied overseas **need to be considered individually**.

「海外で暮らしたことのある学生や留学経験のある学生を手助けする方策はそれぞれの学生に応じて、別々に考えなければならない。」

海外組の中で色々なニーズがあるのでそのニーズを個別に考えなくてはいけない、ということ。海外組と国内組を分けて、海外組を優遇するということであれば、前置詞はforでなくofかも知れない。

Part 1

n3 newly hired college graduates
（大学の）新卒の社員

Companies are boosting in-house programs to continually retrain IT workers already on board as well as **newly hired college graduates** with music, history and other non-IT degrees.

「会社は音楽、歴史、そしてその他の情報工学の専門以外で卒業した新卒の社員とすでに会社にいる IT 関係の社員を常に再訓練するために会社独自のプログラムを促進している。」

n4 no exceptions can be made to this rule
この決まりごとに例外はない

A participant may ride home with his/her parent or guardian only with prior administrative approval. School liability makes this rule necessary and **no exceptions can be made to this rule**.

「参加者は学校の許可を前もって取っている場合のみ両親かそれに代わる保護者の車で家に帰ることが出来ます。学校は責任があるのでこの規則を適用し、例外を認めません。」

can be は will be などにもなる。this rule は複数になったり、the rule などとなることも勿論ある。

n5 nonconformist
他の人のやり方などに従わない人

In order to identify yourself as a **nonconformist**, you should never wear a tie except on formal occasions.

「自分のことを我が道を行くタイプだと認識したいのなら、儀礼ばった時以外はネクタイをしないほうが良いです。」

conform (con ＝完全に、form＝ 形を作る〈shape〉→完全に形を合わせる)「規範に従う〈to〉」という動詞が元になっている。conformity「規範に従うこと」も覚えておく必要がある。

ズバリ頻出盲点英単・熟語

n6 now available for
～することに関して今利用できる

DVDs of movies released within just the last few weeks are **now available for** purchase in many stores.

「つい最近リリースされた映画のDVDが既に現時点で多くの店で購入することができる状態になっている。」

o1 the objective of
～の目的

The objective of this training session is to familiarize staff with the new software program the school has installed to monitor students' needs and progress.

「このトレーニングの目的は、学生が何を必要としているかということと学生の進捗状況を調べる為に学校がインストールした新しいソフトに教職員が慣れるということです。」

この場合 object も「目的」の意味を持つので使えるはずだが、object にはその他にもいろいろ意味があるので、「目的」とはっきり表せるということで objective がこの形式で好んで使われると思われる。

o2 occupants
入居者（住んでいる場合と仕事などで一定の期間のみ滞在する場合とがある）

Of 115 households that are across the road from Rockfall Air Base, 76 percent of the **occupants** complained of suffering, with 30 percent citing ear ringing and 4 percent identifying hearing loss.

「ロックフォール空軍基地と道路をはさんで向かい側にある115の世帯のうち、78パーセントが何らかの不調を訴えている。そのうち30パーセントの世帯が耳鳴りを訴え、5パーセントの世帯は難聴を訴えている。」

Part 1

03 offer a great deal of practical information
大量の実践的情報を提供する

The brochures **offer a great deal of practical information** on applying for places in/at overseas universities.

「そのパンフ類には海外の大学に留学を申し込むことに関して沢山有益な具体的情報がある。」

overseas universities は oversea universities となることもある。practical information は空理空論やイメージではなく具体的に役立つ情報ということ。大学院を卒業した人が海外の大学の先生になることを申し込むのだとすると on applying for (teaching) positions in/at overseas universities となる。on applying for admission to overseas universities となるとどちらの場合もありえるが、通常は学生の海外留学と解されるだろう。この admission は不可算扱い。

04 on display
展示されて

A Banned Books Week exhibit will be **on display** in the lobby of the Tisch Library through October 6th.

「発禁処分を受けた本の今週の展示はティッシュ図書館のロビーにおいて10月6日終日行います。」

on display は at/under/in/into などの前置詞は使わない。

05 one month away from completion
完成まで1ヶ月

The new administration building is just **one month away from completion** and plans for moving in are almost finalized.

「新しい事務棟は完成までちょうど1ヶ月となり、引越しをどの様に何時行うかなどの計画は最終局面に入った。」

「拡張計画」は expansion project となる。

ズバリ頻出盲点英単・熟語

06 one-on-one
1対1の

Users of our computers who have registered their purchase can obtain **one-on-one** technical support from highly trained technicians by calling one of the numbers listed below.

「購入したパソコンを登録したユーザーは下記の電話番号のうちのどれか1つに電話すれば、パソコンの専門家から1対1のテクニカルサポートを受けることができます。」

07 only partly [somewhat] successful
部分的に成功して

The country has kindly supplied the laboratory with four rare species of orchids for the propagation experiment but it has been **only partly successful**.

「その親切な国は繁殖の実験に使うようにと、当研究所に珍しい種類のランの花を4種類提供してくれましたが、実験は部分的にしか成功しませんでした。」

08 be on medication for
～を治療するために薬を飲んでいる

I'**m on medication for** high blood pressure.

「私は高血圧なので薬を服用している。」

> この言い回しは現在治療中であり、薬を服用しているという含みがある。以下のような場合だと、治療中ではあるが、薬を服用しているかどうかは分からない。I'm being treated for a bad back/high blood pressure.「腰痛/高血圧の治療を受けています。」

09 on very short notice
（例えば）電話1本で

Part 1

On Sunday Mary's baby suddenly developed a high temperature, but she was able to take him to a nearby clinic where the doctor will always see children even **on very short notice**.

「日曜にメアリーの子供が急に熱を出した。が、電話1本でもすぐに診てくれる近くのお医者さんのところに連れて行くことが出来た。→急に行っても、断らないで診てくれる医者が近くにいて助かった。」

develop a high temperature「熱を出す」。

類例 I cannot do anything for you at such short notice.
「そんな急に言われても何もやってあげることはできないよ。」
この場合は at を用いるようだ。

o10 ophthalmologist
眼科医

An **ophthalmologist** is a medical doctor (M.D.) who specializes in the prevention, diagnosis, and medical/surgical treatment of vision problems and diseases of the eye.

「眼科医は目の視野の問題や病気の防止、診断、手術を専門にしている医者です。」

o11 optimistic that
〜に関して楽観している

The corporation is fairly **optimistic that** this year's strategy will reduce its tax liability.

「この会社は今年のやり方でいけば支払うべき税金の額を抑えることができるとかなり楽観的に考えている。」

tax liability「支払うべき税金」に注意。

o12 optometrist
検眼士

An **optometrist** has a degree in optometry (O.D.) and is trained in the prescription of eyeglasses and contact lenses as well as the detection and treatment of eye diseases.

「検眼士は検眼の資格を持っていて、目の病気の発見と治療だけでなく、眼鏡とコンタクトの処方に関しても訓練を受けている。」

o13 orders cannot be taken over the phone
電話注文は出来ない

Because identification must be shown, **orders** for copies of the conference proceedings **cannot be taken over the phone**.

「身分照会が必要なので学会の予稿集は電話で取り寄せることは出来ません。」

類例 Photo-duplication orders cannot be taken over the phone.
「写真の現像の注文は電話ではお受け出来ません。」
historical document duplication orders だと「古い貴重な資料の複写の申し込み」となる。

o14 orient someone to
人を〜に仕向ける

The purpose of the special introductory session is to **orient students to** the approaches to teaching applied in the college so they can adopt appropriate study habits.

「特別オリエンテーションの目的は学生がしっかりした勉強の習慣をつけるようにと当大学で使われている教授法に学生を誘導するということです。」

o15 originate in
〜に発生する

This document governs the review of all ad hoc tenure nominations with the exception of those **originating in** Barn College.

「この書類はバーンカレッジから発生する場合を除いて、臨時終身雇用指名権の全ての評価を決定する。」

Part 1

類例
Meerkats originate in Africa, where they were especially bred for cuteness to appeal to wildlife documentary film makers.
「ミーアキャットは元々アフリカ生まれで、その可愛いらしさから動物の野生生活を映画に撮る監督にアピールするようにと品種改良された。」

o16 the overall profitability of
〜の全体的利益

The overall profitability of our stores was affected by the cool temperatures experienced in early summer, which caused a slump in clothing sales.
「店の総合的な利益率は今年の冷夏に影響を受けた。服の売り上げにも大打撃を与えた。」

o17 overhead compartments
機内の頭上の棚

Don't stretch or reach into **overhead compartments** for heavy items when the plane is in flight.
「飛行中は重い荷物を出そうとして頭上の棚に手を伸ばすことはお止め下さい。」
overhead bins ということもある。

p1 paper dust mask
マスク

Our **paper dust masks** are lightweight and easy to breath through and have a comfortable elastic headband.
「当社のマスクは軽くて、息がしやすく、頭に回すゴムバンドも心地よくできています。」

p2 patron
客

ズバリ頻出盲点英単・熟語

Latecomers for main stage events will be seated at the discretion of the House Manager. Latecomers will be seated in locations determined by the House Manager, and for some events late seating may not occur until intermission. No refunds will be made for **patrons** arriving late.

「劇の最大の出し物に遅れた人は劇場の支配人の配慮により席に着くことが出来ます。遅れた人は支配人が決めた席に着くことになります。出し物によっては休憩時間になるまで席につけないことがあります。遅れた場合の払い戻しはありません。」

このような劇場の規則を house rules と言うことがある。

巷の単語集には「後援者、支援者」の意味を中心に据えているものもあるが、実際には「客」の意味でしか先ず出ない。お店の客、という場合だけでなく、このように劇場の客などという場合でも使う。

p3 patronize stores
店に行く

Young people like to **patronize stores** which allow them to browse freely without being pressured to buy.

「若い人は店員がものを買わせようと寄ってこないで、好きなようにブラブラウインドウショッピングをさせてくれる店に行きたがるものだ。」

patronize は patron（元々は「父親」の意味をもつ）「教会の聖職授与権者」→「後援者」の意味を基礎に成立している。patronize は「～を後援する」→「～の得意客になる、店などをひいきにする」の意味となる。browse はここでは「ウィンドウショッピングをする」の意味で使われている。

p4 payroll deduction plan
給与の天引きプラン

The **payroll deduction plan** allows you to have part of your pay automatically banked into your savings account when you are paid.

「給料の天引きをすると、給与支払い時に支払い金額の1部が自動的に自分の銀行口座に入ります。」

p5 payroll department
支払いの部署

Part 1

The **payroll department** issues overpayment notices describing the reason for the overpayment, the amount, and the impending deduction. The notice is forwarded to the employee's payroll secretary for distribution to the affected employee.

「支払い部署が給与の支払い過ぎを、その理由、額、差し迫った控除と共に、通知します。このお知らせは雇用者の支払い部署の秘書に送られます。その後この秘書が直接関係する被雇用者にお知らせを手渡します。」

payroll は「給与支払い」、payroll deduction plan は「給与の天引きのプラン」。payday は「給料日」で注意が必要。

p6 pay tribute to
〜に人前で敬意を表する、成功を認める

The class reunion started on a high note as the class of 74 **paid tribute to** one of the most successful students ever to graduate from the university, who had just been elected governor of the State.

「同窓会は非常な盛り上がりで始まった。74年に大学を卒業した卒業生の中で最近州知事になったのがおり、みんな彼に敬意を表したからだ。」

on a high note 「盛り上がった雰囲気で」。

p7 penthouse
最上階にある贅沢なマンション

Our **Penthouse** Suites offer spacious two-bedroom, two-bathroom townhouse luxury. It's truly a home-from-home experience.

「私どものペントハウススイートには広いベッドルームが2つとバストイレも贅沢なものが2つ付いています。家を離れてもまったくご自宅と同じように過ごすことができます。」

p8 personal check
小切手

Now that almost everyone has at least one credit card, it is becoming quite uncommon for shoppers to pay by **personal check**.

ズバリ頻出盲点英単・熟語

「現在ではほとんど全ての人がクレジットカードを最低1枚はもっている時代なので、買い物客が小切手を使うことは極めて稀になった。」

by の時は単数形で by personal check だが、with の時は複数形で with personal checks となる。

p9 personnel
全職員

Military **personnel** should continue to seek opportunities to collaborate with ordinary citizens.

「軍人は一般市民と一致協力する機会を探し続けないといけない。」

personnel は通常複数扱いで、他の英語では staff、或いは、複数であることを明示するために staff members とすれば事足りることが多い。

類例 In 2008 personnel totaled 34 researchers and 5 other staff members.
「2008年の職員数は研究者が34名とその他の職員が5名でした。」

p10 persuasive in one's efforts to
〜するようにうまく説得する

He was very **persuasive in his efforts to** get me to work for his new company, but since I had firm plans to take up employment elsewhere, I had to refuse him.

「彼は私が彼の会社で働くようにと言ってきたが、私には他のところで働くという固い決心をすでにしていたので、彼の申し出は断らざるを得なかった。」

ここの persuasive はものではなく人が主語になっていることに注意。get me to work for his new company は言い換えれば、get me to accept a position with his new company となり、refuse him を言い換えれば、turn his offer down とでもなるだろう。使役動詞の中でも get を使った場合には相手にそうさせるときに抵抗があることを暗示する。

p11 place (one's) orders
注文する

Part 1

The internet allows people to **place their orders** more quickly and conveniently.

「インターネットによってより早くより便利に注文できるようになった。」

place their orders の their を取ると、一般論という意味合いが強くなる。ここの more quickly は TOEIC の問題としては quicker とすることはできない。

p12　planting a variety of crops

様々な種類の作物を植えること

Planting a variety of crops in one area can increase productivity and reduce the need to use a large amount of pesticides.

「ひとつ所に色々な種類の作物を植えると生産性が上がり、農薬の量を減らせる。」

can increase の部分は leads to としても良いだろう。variety の部分は他の単語でおしりの綴りは似ている longevity/vitality は入らない。

p13　plastic

プラスチック

Plastic is a very versatile material, so that it has many industrial applications.

「プラスチックは非常に多機能性をもっているので、色々な工業製品に使用される。」

versatile「多機能の」に近い語として、malleable「力を加えると形が変わる」、flexible「曲げやすい」、reversible「逆にできる」がある。

類例　Plastic is a very durable material, so containers made of it do not bent or break.

「プラスチックはとても丈夫な素材なので、プラスチック製の入れ物は押してもへこんだり、割れたりしない。」

p14　poised to do

〜する方向に傾いている（prone to do）

ズバリ頻出盲点英単・熟語

Steel prices are **poised to** fall through next year as imports from other countries increase.

「鉄の値段は他国からの輸入の量が増えるにしたがって、（我が国では）来年は年間を通じて下がることになるであろう。」

poise はもともと根源的には「糸を伸ばす」というイメージがあり、それが「（その糸を使って）つるす」というイメージにつながったので、「ぶら下っている状態」のイメージがある。ぶら下っている状態であれば、風が吹けば、その風に流されて動く。それで poised to do は do する方向にぶら下がっている、というイメージになる。レベルが上がるにしたがって、単語のイメージを常に想像することが大事になってくる。

p15 polling firm
世論調査会社

A **polling firm** is conducting a telephone poll of district residents to ask if they support the present political party.

「世論調査会社が現在行っている調査は電話を使って、地域の住民が現在の政党を評価しているかどうかを聞くというものです。」

p16 polluted air
汚れた空気

The problem of pollution has been being tackled since the 1970s, but **polluted air** from China continues to worsen the effects of acid rain.

「汚染の問題は1970年代からずっと、どうするべきか問題となっているが、中国から汚れた空気が入り続けていることによって酸性雨の悪影響がより発生しやすくなる。」

現在完了が進行形になることによって、「ずっと」という感じが強められている。

p17 population growth
人口の増加

Because of rapid **population growth** and economic development, improvement of crop productivity has become a necessity.

「急激な人口の増加と経済の発展によって、農作物の生産性を上げることが不可欠になった。」

become の次は a necessity でなければ、形容詞の necessary になる。

Part 1

p18　pores
毛穴

Warm water opens **pores**, allowing the itchy insulating fibers to sink further into your skin.

「お湯につかると毛穴が開いて、絶縁体の繊維が肌の更に奥の方に入っていきます。」

p19　practical tips on reducing one's expenses
出費を抑えるための役に立つちょっとした情報

Knowing how to avoid spending money unnecessarily is difficult for inexperienced travelers, so our travel agency offers all its clients a booklet of **practical tips on reducing their expenses**.

「使う必要のないお金を使わないようにするのは旅行慣れしていない人には難しいのでここの旅行会社ではお客さん全員にお金をかけないための役に立つちょっとした情報を書いた小冊子を配っています。」

expenses は reduce するもので contract/shorten/weak 出来ない。booklet と pamphlet は「何枚かの紙が綴じられた小冊子」、brochure は「1枚の紙が何回か折られたもの」。日本語のパンフレットはこれが1番近いと思われる。flier は「通常、折られてない1枚の紙で、ビラとして使われているもの」。

p20　preferred customers
優待会員

Unfortunately you must be **preferred customers** to have the special offers emailed to you.

「残念ながらスペシャルプレゼントがメールで送られてくるためには特別会員にならないといけません。」

p21　preferred means of transportation
好まれる交通手段

ズバリ頻出盲点英単・熟語

Buses are the **preferred means of transportation** in this nation.
「この国では交通手段としてはバスが好まれます。」

類例1 Faster and more efficient railroads replaced the canals as the preferred means of transportation by the middle of the 19th Century.
「もっと早くて便利な電車が19世紀の中ごろまでにそこの運河を利用するという交通手段にとって代わられた。」

交通手段は好まれるわけであるから prefer は過去分詞を使い、現在分詞は使わない。「都合の良い時間」の場合も preferred time と言う事がある。

類例2 Private cars are the preferred means of transportation in areas with a small population and a limited public transportation network.
「人口が少なく、交通網も発達していないところでは自家用車が交通手段として普通である。」

p22 prerequisite for/to/of

〜の前提条件（前置詞は頻度順に並んでいる。左の方が頻度が高い）

To find a humanitarian-aid job you need to get the overseas experience that is a **prerequisite for** being hired.
「人助けの仕事を見つけるには就職の前提条件となる海外での経験をつける必要があります。」

p23 present persuasive arguments to someone for doing

人に対して〜をせよという説得力のある議論を出す

The advertising agency always **presented persuasive arguments to** its clients **for** increasing their advertising budget, so the agency had become one of the most thriving ones in the city.
「その広告代理店は常に顧客に対して宣伝費増額に関して説得力のある話しを続けた結果、その代理店はこの町で最も流行る店の1つになりました。」

arguments は名詞であるのでその前には基本的に形容詞が来ることに注意。persuade の形容詞は persuasive である。形容詞的に使われる persuaded/persuadable はここでは使えない。あまりに説得力のある議論をしたのでということであれば以下のようにすればよい。The advertising agency always presented such persuasive arguments to its clients for increasing their advertising budget that the agency had become one of the most thriving ones in the city.

Part 1

p24 privatization
民営化

While all power generation companies may be available for **privatization**, privatization of electricity transmission does not appear likely in the near future.

「発電会社はすべて民営化することが可能であるかもしれないが、電気の送電自体を民営化することは、近い将来においては難しいだろう。」

民営化が可能であることを言うのに available を使っていることに注意。

p25 proceed
交渉、計画などが進む

It was made clear that all the research projects are **proceeding** well and some fruitful results have been obtained.

「すべての研究計画は順調に進んでおり、しっかりとした結果も幾つか出てきたということが明らかにされた。」

p26 processing fee
手数料

The **processing fee** must be paid in cash or by money order when you pick up your passport. Personal checks and credit cards are not accepted.

「手数料は(紛失した)パスポートを取りにきた時に現金か郵便為替で払って下さい。小切手とクレジットカードは認められません。」

p27 production coordinator
製造関係のまとめ役

We're seeking a well organized, energetic, self-motivated **production coordinator** who is looking for an opportunity to expand their book design skills.

「我々は本のデザイン技術を伸ばそうとしている、仕事を整理整頓してできる、活力に溢れている、且つ、人に言われなくても自分で動ける、製造関係のまとめ役を探しています。」

> well organized「(形) 整理整頓して仕事ができる」、self-motivated「(形) 人に言われなくても主体的に動く」。

p28 production-line operation

製品作りの流れ作業の仕事

The software used by our label printing company is user-friendly, being designed for operators who are trained in **production line operation** rather than computer technology.

「ラベルの印刷をする会社が使用しているソフトは初心者でも利用しやすく、コンピューターよりも製品作りの流れ作業に慣れている人用に作られている。」

p29 product launch

製品の新発売(の発表)

SOC provides support services for new **product launches**, and interactive sales training.

「SOCは新製品の販売のサポートサービスと顧客とのやり取りの中でものを売る技術のトレーニングの提供をおこなっています。」

p30 profuse

大量に流れ出す

Excessive and **profuse** sweating of the hands, feet, and face, excessive facial blushing, or any combination of these conditions is known as hyperhidrosis.

「手足、顔から大量に汗が出てくること、顔が異常に赤らむこと、或いは、それらの組み合わせは多汗症として知られている。」

Part 1

p31 progressive
進歩的な

GAC has always prided itself on its **progressive** policies.
「GAC は常に自らの進歩的な考え方を誇りにしてきた。」
　逆は conservative「保守的な」。

p32 project coordinators
計画の責任者、まとめ役

The company is seeking qualified advisory panel members to provide consultation to **project coordinators**.
「その会社は計画のまとめ役が相談できる質の高い、能力のある顧問役を探しています。」
　advisory panel members「相談役、顧問」も注意。

p33 prominently placed
目立つように置かれる

Signs will be **prominently placed** to help delegates easily locate the DVD Library.
「代表団がすぐに DVD 図書館を見つけることができるようにサインが目立つところに設置されます。」

p34 proponents anticipate that
支持者は〜ということを予期する

The new airport's **proponents anticipate that** it will considerably increase tourist traffic to the surrounding areas as well as benefit local producers.
「新空港の支持者の予想では空港は現地の産業を活性化するだけでなく、周辺地域に来る観光客も相当数増加するとみている。」
　ここの producers は companies と考えて差し支えない。

ズバリ頻出盲点英単・熟語

p35 protective equipment
体を守る道具（特殊な服、マスク、手袋、ヘルメットなど）

A proper understanding of the correct use of **protective equipment** is essential for all laboratory workers.

「体を守る道具の正しい使用法の理解は実験室で働く職員全員に必須である。」

p36 proudly introduce
自信を持って紹介する

To complement our existing range of luxury cruises, we **proudly introduce** a ten-day tour of the idyllic South Pacific.

「現行の豪華客船旅行の新たなプランとして、我々は自信を持ってのーんびりした南太平洋10日間の旅行を紹介します。」

p37 provide
提供する

We have tried to give you a good start on your research by **providing** a few of the most recent comments we have received from our customers.

「顧客から受け取った最新のコメントを提供することが研究に関していいスタートをきるのに役立つようにと思っています。」

provide は provide with とはならない。a few of は some でもよい。

p38 provided that
～という条件で

CDs bought at our music stores may be exchanged, **provided that** their cellophane wrapper has not been removed.

「私達の音楽店で買ったCDはセロハンの包装紙をはがしていない限り、交換することができます。」

Part 1

p39 **proxy**
代理人

Applications to participate in the competition must be made either in person or by a **proxy** who is in possession of a documents proving he or she has the right to submit the application.

「その競技に参加するための申し込みは本人自身が行うか或いは、申し込み用紙の提出の権利を証明できる文書をもっている代理人によって行われなければならない。」

    in person「本人自身が（で）」。

q1 **quality control department**
品質管理部門

The **quality control department** examines all items before they are sent to retailers.

「品質管理部門は品物が小売店に送られる前にすべての商品を調べます。」

q2 **one's question concerning**
〜に関する誰それの疑問点

We will report on **your question concerning** the new staff member's work performance after discussing the matter with his immediate supervisor.

「今度新しく来た職員の仕事ぶりに関しての疑問については彼のすぐ上の上司と話し合ってから報告を致します。」

    after discussing は after we have discussed でも良い。その場合は便宜上は the past in the future（未来に於ける過去）とでもなるのだろう。

r1 **reach one's full potential**
人の最高の能力に達する

ズバリ頻出盲点英単・熟語

Marie Stanton did not **reach her full potential** as a violinist until she won a scholarship that enabled her to complete her studies in Europe.

「マリー・スタントンはバイオリニストとして最高潮になったときに、ようやく奨学金を獲得し、そのおかげでヨーロッパで最後まで勉強することができた。」

ここの potential の前には full がよく来る。

r2 react more strongly than
〜より強く反応する

The younger members of the company **reacted more strongly** to the pay cut **than** the older ones.

「その会社では若手の方が年寄りよりも給料のカットに強く反応した。」

pay cut は「給料カット」。この文では reacted stronger than とは言えない。一般的に react はもろに副詞と思われる副詞としか規範的には共起しない。（形容詞は形容詞の形のままで副詞として使えることがよくあるが、形容詞の形のままでは react と一緒には使いにくいということ。次例も参照）E.g. react angrily to「〜に怒って対応する」、react badly to「〜に対してショックを受ける、がっかりする」。She reacted badly to the news.「彼女はニュースを聞いてショックを受けた。」

r3 react quickly to
〜に素早く反応する

When natural disasters strike, national and/or local disaster relief organizations must **react quickly to** implement damage control. A crisis management plan should already be in place, not created at the time it is actually needed.

「自然災害が発生したときには国レベル、地方レベルの災害対策本部は災害の被害を最小限に食い止めるために素早く反応する必要がある。危機管理の計画は実際に危機が発生したときに作るのではなく、いつも事前になされていなければならない。」

r4 realize that
何か大事なことを悟る

Part 1

It is important to **realize that** even if a colleague is very different from you and is sometimes hard to get on with, he or she may still have valuable skills or knowledge which you yourself are lacking in.

「たとえ同僚が自分と違う人間で、うまくやっていけないとしても、それでもその人は自分にないかけがえのない技術や知識を持っているかも知れません。」

> realize that は realize so that や realize in that や realize and that などとはならない。different from you の from の部分は to や than にもなる。get on with は get along with としても良い。lacking in の in はない場合の方が恐らく実際には多い。これは本来形容詞 lacking プラス in と考えるべきものだろうが、実際は他動詞の lack が規範に反して進行形を取っているために in がない場合がかなりあると見なせるだろう。

☐ r5 rebate
税金などの払い戻し金

When you apply for your **rebate**, submit the designated form along with a receipt indicating the price paid.

「払い戻し金の還付を受けたい人は支払った値段が明示されている領収書類と一緒に指定された用紙を提出して下さい。」

「税金の還付金」ということをはっきりと言うときには tax rebate ということがある。

☐ r6 recall
品物の回収、リコール（動詞としても出題される）

If a product is defective and in need of a **recall**, it is imperative that suppliers and consumers be informed and replacements made or refunds issued.

「製品に欠陥があり、リコールの必要がある場合は会社と消費者の双方にお知らせが届いた上で、代用品が提供されるか、払戻金の提供がなされなければならない。」

☐ r7 receive governmental approval
政府の承認を得る

Tack Spoon, an American subsidiary of Empire Wind Corp. has **received governmental approval** to complete a 10 MW offshore installation of wind turbines on the shoal in south-eastern Japan.

「エンパイアーウィンド社のアメリカの子会社のタックスプーン社は日本の東南部の浅瀬に10ミリワット出力できるの風力タービンを沖合いに設置するのに政府の承認を得た。」

r8 receive a standing ovation for
〜に対してスタンディングオベーションを受ける

Mr. Simpson, who was a professional opera singer for many years, **received a standing ovation for** his performance in the town's Christmas charity concert.

「シンプソン氏はベテランのプロのオペラ歌手だが町主催のクリスマスのチャリティーコンサートでの演奏でスタンディングオベーションを受けた。」

r9 reconfigure
〜の型を変更する

This is an exciting time for us as we **reconfigure** our training program to better meet the needs of the newly employed recruits.

「新入社員のニーズによりよく合せるためにトレーニングのプログラムを改訂する時期がやってきたので、うきうきしています。」

r10 recruitment drive
（大掛かりな）求人募集

This meeting will be devoted to questions and discussion about the staff **recruitment drive** we will be holding on Saturday, August 20, 2010.

「この打ち合わせ会では2010年の8月20日に開催される大々的な職員の求人募集のことについて議論を深めたいと考えています。」

Part 1

r11 recruitment procedures
募集の手続き

The President at Pat College decided to review its **recruitment procedures** after he concluded that the existing system was not robust or objective enough.

「パットカレッジの学長は、現在のシステムではパワーも足りないし、客観性も足りないと結論付けたので、募集のやり方を見直すことにした。」

職員の募集なら staff recruitment となるであろうし、学生の募集であれば student recruitment となるであろう。

r12 be reduced substantially
かなりの引き下げとなる

The Patons lost almost half their assets when the value of their stocks fell, so their spending **was reduced substantially**.

「ペイトン家は持ち株の株価が下がった際に資産の半分近くを失った。そのために使うお金の量がかなり減った。」

half their assets は half of their assets でも良い。stocks は shares でも良い。substantially は形容詞の substantial に出来ない。

r13 reflective clothing
光を反射する服

It goes without saying that people who walk their dogs at night should wear **reflective clothing**, but it has also become common to put reflective collars and leads on dogs.

「言うまでもないことだが、夜に犬の散歩をする人は光を反射する服を身に着けないといけない。この頃では犬の首輪やリードを光を反射するものにしている人が増えた。」

ズバリ頻出盲点英単・熟語

r14 refund
（商品、製品に対する）払戻金

If you are not satisfied with anything you have purchased from our store, you may claim a **refund** by bringing the item you purchased and a receipt for it back to the store.

「私どもでお買い求めになった商品がお気に召さない場合はいつでも払い戻しを致します。その際には当該商品とレシートをお持ちになってください。」

r15 refurbish
（カーテンやカーペットなどを取り替えるという意味で）家のリフォームをする（cf. renovate）

The building Williams and Co. rented for their new branch office was old and rather dingy, so they completely **refurbished** it by having all the walls repainted and the curtains and carpets replaced before they brought in their office furniture and equipment.

「ウィリアムズ会社が借りた建物は古くて薄汚れて、手垢がついているふうであったので、事務用品と機械を入れる前に壁をすべて塗りなおし、カーテンとカーペットを交換して完璧にきれいにした。」

> refurbish は表面をきれいにするという意味合いがある。renovate は通常もっと根本的に、革新的に変化させる意味合いになる。

r16 regardless of
～にかかわらず

21st Century Software is interested in employing talented staff, so we are willing to offer six-month internships to promising people **regardless of** their qualifications or previous experience.

「21世紀ソフトウェアー社は有能な社員を採用したいと思っています。我々としては能力や前歴にかかわらず前途ある若者に6ヶ月のインターンシップを提供することを考えています。」

> previous experience、work experience「履歴書などに書く際の仕事に関連する今までの経験」の時は通常単数形を使う。internships は trials ほどの意味と考えればよい。

Part 1

r17 reimbursement
払い戻し

Please complete the relevant spaces on this form, and attach appropriate proof of bills paid or receipts before submitting your application for **reimbursement** of expenses.

「この用紙の所定のところを記入して下さい。支払った金額の適正な領収書、もしくはレシートを貼り付けて下さい。必要経費の払い戻しを申し込んだことになります。」

　relevant spaces は applicable spaces となることも多い。

r18 reimburse passengers for
～に対して乗客に払い戻しをする

The bus company will **reimburse passengers for** the price of their tickets to apologize for the late departure of the bus.

「バス会社は出発の遅れを陳謝し、切符の代金の払い戻しを乗客に対して行います。」

r19 remind someone that
人に～を思い出させる

The teachers at the school would like to **remind** students **that** any form of cheating in an exam can lead to a severe punishment.

「この学校の先生は学生に対してどんな形であれ試験中にカンニングを行った場合は厳しい処分が待っているということをはっきりと言うことにしている。」

r20 remit payment
支払うべき金銭を送る

I agree to **remit payment** for the total amount due within 60 days.

「私は60日以内に支払うべき金額の全てを送金することに同意します。」

　due は「当然払われる[与えられる]べきもの」。

ズバリ頻出盲点英単・熟語

r21 remodel
リフォームする、改築する

We started to **remodel** our office today to improve office lay-out and organization as well as security.

「私達は安全性の確保のみならずレイアウトとものの配置をすっきりとするために本日より会社のリフォームを開始した。」

remodel と renovate は「リフォームする」、refurnish は「家具を取り替える」、refurbish は「カーテンやカーペットを取り替える」。

r22 renew the lease on
〜の家賃を更新する

The Hendersons wanted to **renew the lease on** their apartment when it expires, but the rent was increased so much that they had to look for a new apartment instead.

「ヘンダーソン一家は更新期限切れの際に住んでいるアパートの更新をしたいと考えていましたが、家賃がものすごく上がってしまったので別に新しいところを探す羽目になりました。」

ここの lease は更新の対象となるので動詞の renew が使われ、名詞の renewal は使われない。このような単純なことが問題のキーとなることがある。

r23 renovate
家のリフォームをする（cf. refurbish「（カーテンやカーペットなどを取り替えるという意味で）家のリフォームをする」）

The Smiths bought an 80-year-old house, which was in very poor condition, and had it completely **renovated**.

「スミス家は築80年の家を購入したが、状態がとても悪かったので、隅から隅までリフォームをした。」

当然知らなければいけない概念を表す単語であるが、私たち日本人に馴染みがない単語の代表例のような単語。しかし、こういうところを TOEIC は意外と狙ってくる。名詞の renovation「家のリフォーム」も必須単語。

Part 1

r24 report to
（上司など）に仕える

As leader of the special project team, Mr. Johnson **reports** directly **to** the chairman of the board.

「特別プロジェクトチームのリーダーとしてジョンソン氏は役員会議の議長に直属している。」

> report directly to とすると「に直属している」となる。言い換えれば under direct supervision of と近い。見出し語は下の者が上の者につくことに力点があり、言い換えたフレーズは上の者が下のものをみることに力点がある。

r25 be requested/required to do
〜するように要求される

You **are requested/required to** inform us by email or FAX of your intention to submit a manuscript at least one month before the final submission date.

「E-メールかファックスで最終提出日の少なくとも1ヶ月前には原稿提出の意思を教えて下さい。」

> of your intention 以下は that you intend to submit... としてもよい。ここでは whether... or...not は少し不自然。

r26 request [apply for/ask for/plead for] a leave of absence
休暇を請求する

My reason for **requesting this leave of absence** is as follows: I have been invited to read a paper on my current research at an international conference in Geneva and plan to accept the invitation provided leave of absence is granted.

「私が休暇を請求するのは以下の理由によります。私はジェノバで開催される国際学会において現在の研究を発表するようにとの招待を受けました。私としては休暇が認められるのであれば、この招待を受けるつもりであります。」

r27 request a refund
払い戻しを要求する

When you **request a refund** for goods you have purchased, you must produce the receipt for them.

「購入済みの商品の払い戻しを受ける時はレシートを見せてください。」
　produce「（証拠などを）見せる、示す、提示する」

r28 reserve the right to do
〜する権利を有する

Sube, Inc., **reserves the right to** delete any content or elements appearing on the website without prior notification.

「スベ（株）は予告なくウェブ上の如何なる文字内容とロゴ類を削除する権利を有する。」
　without prior notification も覚えておく必要がある。

r29 responsibly
責任をもって

Plum Redwoods Company can now offer their customers a certified guarantee that the company's products come from forests that are managed **responsibly**.

「プラムレッドウッズ株式会社はお客様に対し、自社の製品は適切な処理を行っている森林由来であると正式に保証いたします。」

r30 resurface
再び浮上する

Rumors **resurfaced** that the company will not make a profit this year because of a loss of revenue caused by serious competition.

Part 1

「その会社は今年はライバル者との熾烈な争いのために利益がなくなるという噂が再浮上した。」

r31 retroactively
遡及して

Discounts cannot be applied **retroactively**--that is, refunds will not be issued to people meeting the discount requirement after they have already registered.

「割引は遡及して適応することはできません。つまり、1度登録が済んでから後では割引の条件に合致していても払い戻しを受けることはできません。」

r32 return to normal
普通に戻る

The availability of our parcel pick-up service has been suspended temporarily due to computer problems, but will **return to normal** on September 30.

「お荷物のご自宅お伺いサービスはコンピューターの不調のため、一時的に休止していましたが、9月30日より通常に戻ります。」

r33 have revealed high levels of
高いレベルの〜を出す

Tests of the town's water supply carried out by the town's officials **have revealed high levels** of nitrates such as might be found in water which has been contaminated by farm fertilizers.

「町の役人が行った水の供給のテストによると農業肥料に汚染された汚水の中にあるような高いレベルの亜硝酸塩が発見された。」

> which might be found... よりも such as might be found.... の方が「いろいろな亜硝酸塩がある、〜のような亜硝酸塩、原因はまだ分からないが農業肥料が原因であるような亜硝酸塩」という意味合いが出やすい。原因が確定していれば which でも良いかもしれない。

r34 revised agenda

議題（改訂版）

The **revised agenda** for the meeting on how to make individual charts to track the progression of language learning was sent to me by email from the department head.

「言語学習の進歩をつかむための個人の診断書の作成方法に関する議題（改訂版）が E-メールでコース長から来た。」

　agenda は「議題」であって「議事録」ではない。

r35 revolutionary design

革命的なデザイン

Rumors that Smithson's Enterprises is going to release a **revolutionary design** in office workstations is generating great interest in the upcoming office furniture exhibition.

「スミスソンエンタープライズイズが革新的なデザインのワークステーションを発表するという噂によって今度のオフィス用の事務用品の展覧会に対する人々の関心が非常に高まった。」

　revolutionary design は revolutionary new design としても良い。revolution design とは出来ない。

r36 RFID (Radio Frequency Identification)

無線ICタグ、非接触IC (Integrated Circuit) チップ、(微小な無線チップにより人やモノを識別、管理する仕組み（流通業界でバーコードに代わる商品識別、管理技術として研究が進められてきた。))

Radio Frequency Identification (RFID) is a state-of-the-art technology for extensive identification of every type of object.

「RFID による認証はあらゆるタイプの物体を幅広く認証できる最先端の技術であります。」

　JR 東日本のスイカ、おサイフケータイなどに利用されている。これからは必須の単語。刑務所の受刑者の服に取り付けることも計画されている。

Part 1

r37 ruling
（法的な）公的決定

The Supreme Court will issue a clear **ruling** on the question of gender discrimination.

「最高裁判所は男女差別の問題に関して、はっきりとした決定をなすであろう。」

s1 safety checklist
安全のための点検表

A **safety checklist** must be completed by the manager on each shift and filed in the main office at the end of the shift.

「安全点検表は当該のシフトの責任者が記入し、その後そのシフトの終わりに本社に提出され、保管されることになっている。」

s2 sales associate, sales assistant
店員

If a **sales associate** is unable to locate a certain pair of shoes in a given store's stock, they can perform an on-the-spot search of other stores' inventories.

「もし店員が店の中で靴を見つけられない時は他店の在庫一覧を使ってその場で御探しします。」

s3 sales-incentive
（たくさん売ればご褒美がもらえるという意味で）売り手に売る気を起こさせる

The 80-20 rule indicates that 20% of any group will already be fired up; a good **sales-incentive** program will get the other 80% motivated.

80-20 の法則によるとどのようなグループでも 20 パーセントははじめからやる気がある。売り手に売る気を起こさせる良いプログラムがあれば残りの 80 パーセントもやる気になる。

s4 scheduled presentation
順番が決められた、スケジュールに組み込まれた発表

Report to the designated room ten minutes before your **scheduled presentation** with the outline for the oral presentation.
「発表の10分前に口頭発表用の配布資料をもって決められた部屋に入って下さい。」

s5 scheduling conflict
スケジュールのバッティング

Because of a **scheduling conflict**, the CEO is unable to attend Mr. Ohashi's farewell party today and sends his apologies.
「スケジュールがバッティングするので、社長は大橋さんの惜別会には来れず、お詫びを伝言でここでお伝えします。」

> send his apologies は電報を送ったり、手紙を送ったりということではなく、社長が伝言を頼み、社長の代わりに誰かがそれを伝えるということ。アメリカの大学では2つ以上の授業の試験がまったく同一の時間になることを time conflict と言っていた。

s6 seasonal clothing
今の季節の服

You can get steep discounts on **seasonal clothing** and new styles in shoes or find big markdowns on clearance items in every department during the sale.
「バーゲン期間中は今の季節ものの服と靴の新商品をかなりの値引き価格で購入できます。又、どの売り場でも処分品はとんでもない値引きをしています。」

> markdown「値引き」

s7 secondary effects
2次的な影響

Part 1

Many **secondary effects** of terrorism that were not previously considered to be issues were explicitly explained by the prime minister.

「これまで問題とされてこなかったテロの２次的な影響の多くが総理大臣によって明確に説明された。」

s8 security check

安全検査

All passengers must go through a **security check** before being allowed to enter the airport terminal.

「乗客は全員セキュリティーを通らないとエアポートターミナルに入れません。」

s9 security officer

警備員

In this company **security officers** who work only night shifts are entitled to extra days off.

「この会社では夜勤だけをやる警備員は余分に休みを取ることが認められている。」

　　ちなみに、勤務中はというときは while on duty となり、while の代わりに during は不可。during his shift とすると可。

s10 security officer on duty

仕事中の警備員、ガードマン

To contact the **security officer on duty** when the information desk is closed, dial 979-230-3207 and leave your name and telephone number on the voice mail.

「案内所が閉まっている時に勤務時間中の警備員にコンタクトしたい場合は 979－230－3207 に電話し、ヴォイスメール（留守電）に名前と電話番号を残して下さい。」

s11 self-adhesive labels
糊の付いたラベル

Self-adhesive labels have become indispensable to companies which send out a large amount of mail.

「糊の付いたラベルは大量の手紙を出す会社には必要不可欠だ。」

mail は不可算名詞であることに注意。その他 baggage、clothing、furniture、equipment、homework、merchandise、postage、slang などは可算名詞のように思いがちだが、通常は不可算名詞として扱われることが普通。mail が不可算だと email も不可算となるべきで、規範的にはそのように扱われる。数えたい場合には email messages のようにする。しかし、現実には an email や emails という表現は使用される。前者の方が頻度が高い。これは規範的に不可算扱いの coffee、beer などが可算名詞になるのとやや似ている。ちなみに coffee、beer は実際には可算名詞扱いの方が遥かに普通になっている。coffee は単数形の a coffee が複数形より多く、beer は複数形の beers が単数形より多い。

s12 serve as confirmation that
～であるという確認として働く

The ID card **serves as confirmation that** the bearer is a student of this university and therefore entitled to use any of the facilities on campus.

「その ID カードは持ち主がこの大学の学生であるという証明になる。従って、キャンパス内の施設はすべて自由に使うことができる権利を有する。」

of the university などが付けば the を入れて on the campus of the university となる。

s13 shareholders
株主

If **shareholders** disagree, it is usually better to resolve the issues privately than risk the cost and publicity of a court case.

「株主の同意が得られない時は裁判での争いのコストや世間での悪評を考えれば、内々で問題を解決する方が一般的には勧められます。」

Part 1

s14 be shown to
～に案内される

The first five visitors to the facility **were shown to** a reception room to listen to an explanation of current projects.

「その施設を訪れる最初の 5 人は現在進行中の計画を聞くためにレセプションルームに案内されます。」

s15 signs of improvement
改善の兆し

In Asia most of the markets in which the company participates continue to show growth, and the largest market, Japan, is showing particularly encouraging **signs of improvement**.

「当社が参画しているアジアのマーケットはほとんどが成長を続けており、最大のマーケットである日本も非常に頼もしい改善の兆しを見せている。」

　この improvement は意味的には近いが、rise とすることはできない。

s16 site supervisor
サイトの管理人

We, the faculty members, regularly visit students at the internship site and communicate with the **site supervisor**.

「我々教員は定期的にインターンシップサイトに行って学生に会い、サイトの管理者とも意思伝達をしています。」

s17 specialty shop
特殊なものを売っている専門店

The cake shop is a **specialty shop** where the size, shape, quality and decoration of each cake is tailored to meet your specifications.

「そのケーキ屋さんはちょっと特別なお店で、ケーキ1つ1つをその大きさ、形、品質、デコレーションを客の好みに応じて作ってくれます。」

be tailored/made/adjusted to (meet) one's specifications「その人の細かい好みに応じて作成される」。specialty shop は例えば、老人専用の靴を売っている店、健康食品だけを売っている店などが例として考えられる。このようにケーキ屋さんの場合は注文があった時にしか作らないような店かもしれない。

s18 stand in for

〜の代りにその人の仕事を一時的にする

Professor Jones was suddenly ill and was unable to supervise his classes' exams, so another staff member had to **stand in for** him.

「ジョーンズ教授が急に病気になって、自分のクラスの試験監督が出来なくなったので、代りに職員の人が試験監督を行った。」

類例 I'll be standing in for Tabatie while he is away at the branch heads' seminar at head office.

「タバティーが本社で支社長セミナーにに出張で出る間、私が彼の代わりをすることになっています。」

s19 starting salary

初任給

Those who keep their overall borrowing within 20% of their **starting salary** have a relatively easy time making their loan payments.

「借金総額を初任給の20パーセント以内に抑えている人はローンを組んで支払いを開始するのも比較的楽だ。」

ちなみに、試用期間は training period。

s20 statistical analysis

統計分析

Try to finish the **statistical analysis** of your survey data and write up that part by next week.

「来週までに自分の調査したデータの統計分析を終え、その部分のまとめを書き上げなさい。」

Part 1

s21 steering committee

運営委員会

If you are a member of the **steering committee** and need access to one of the password-protected documents, you may contact David Rosen to receive the required authentication information.

「運営委員会のメンバーでパスワードがないと見られない文書を見たい場合にはデビッド・ローゼンと話をして必要な認証を受けて下さい。」

s22 stockholders

株主

In light of **stockholders'** opposition to the acquisition transaction, the Board of Directors has instructed management to focus on pursuing the sale of the company.

「会社の買収のやり方に関して株主が強く反対していることを考えて、取締役会は経営陣に会社の売却を考えるようにと指示をした。」

in light of は「〜を考慮して」。shareholders ということもある。board of directors は会議の場に座っていて、命令を行う人たち、management はそれを受けて実際に仕事(それも時には dirty work「汚れ仕事」)を行う人たちというイメージがある。

s23 storage cabinet

ガラス戸付の収納棚

The computers are locked in the **storage cabinet** and will be started each morning, so please don't shut them down.

「コンピューターは収納棚に置いてありますが、毎朝いちいちスタートするのでシャットダウンしないで下さい。」

s24 store manager

店長、店の責任者

The **store manager** is responsible for creating a enjoyable and professional work environment in which our employees can work productively and our customers can shop in comfort.

「店長は従業員は高い生産性を維持し、お客さんは安心して買い物ができるような楽しい、且つ、プロの仕事場という雰囲気を作る責任がある。」

s25 streamline

～を合理化、能率化、簡素化する

The most successful mail order businesses are those that have **streamlined** the way they handle orders and dispatches so there are no unnecessary delays.

「最も成功した通信販売業者は注文と商品の送付の合理化に成功し、不必要な遅れがなくなった業者である。」

s26 stringent safety standards

厳しい安全基準

The various tankers of our corporation are designed to carry all types of oil products and they must meet **stringent safety standards**.

「当社のさまざまなタンカーはすべての種類の石油製品を運ぶようになっており、タンカーはすべて厳しい安全基準を満たしています。」

> stringent の代わりに入ることができる単語としては strict、rigid が考えられる。restrictive、severe はやや不自然。oil products は通常は人口の手足、カバン、バンドエイド、ろうそく、櫛、クレジットカード、ポリエステルやナイロンの服、パソコン製品、クレヨンなど様々なガラスやプラスチック製品などを指すが、ここではタンカーで運ぶとなっているので、まだ原油に近い状態の製品ではないかと想定できる。

s27 student enrollment

学生の在籍者数

The total **student enrollment** is 980, which includes 220 foreign students, originating mostly from two Asian countries.

Part 1

「在籍者数は総計で 980 名で、その中には留学生が 220 名在籍している。留学生は主としてアジア地域の 2 つの国からの出身者である。」

s28 submerge

〜を水浸しにする

It is hard to fix a cell phone that has been **submerged** in water. Usually it won't even turn on.

「いったん携帯を水に落とすと、元に戻すのは難しい。普通は電源も入らなくなる。」

s29 subsequent renters

（車や家などを）次に借りる人

Renters are responsible for cleaning the property and leaving it ready for **subsequent renters**.

「借り手はものをきれいにする義務がある。次に借りる人のために準備しておくことが必要だ。」

s30 subsidy

（政府の）補助金

A preliminary affirmative determination has been made that a **subsidy** exists and that there is injury to a domestic industry caused by subsidized imports.

「差し当たっての判決によると確かに補助金が存在し、その補助金によって支えられた輸入品によって国内の産業に被害が出たことも事実である。」

s31 surrounding cities

周辺の都市

We hope people from **surrounding cities** will use this opportunity to view and experience Wind Cave.

ズバリ頻出盲点英単・熟語

「周辺の都市から来た人がこの機会にウィンドケイブ（Wind Cave National Park 内の大洞窟）を見て、実際に体験してもらえればと思います。」

t1 take advantage of market momentum
市場の上昇気流を利用する

The ever-increasing line-up of DVDs for sale these days is evidence that producers are doing their best to **take advantage of market momentum**.

「最近店に並ぶ DVD の数が常に増えていることを考えると DVD の製作会社が DVD 市場の需要をうまく利用しているということが言える。」

market momentum はマーケットがうまくいっていること。今が売り時である。ある商品が売れ筋であること、などを含意する。別の言い方をすれば upward movement in the market などとなる。take advantage of は無論決まった言い方と考えられるのでここには意味的に近い単語であったとしても advantage 以外に入る言葉は先ずないであろう。こここの evidence には the は付かない。producers は makers としても良い。

ここの DVD for sale が DVD on sale になっている場合は「売り物で」という意味と「特売で」のどちらになる可能性もあると考えられる。

t2 take charge of
～の責任を持つ

We need to **take charge of** arranging the 50th anniversary of the school.

「我々は学校の 50 周年の企画に責任を持たねばならない。」
of の次には名詞がくる。動詞をもってきたい場合は動名詞とする。

t3 take [make] a detour
迂回路をとる

If you must **take a detour**, use caution on roads you aren't used to.

「迂回路をとる場合は慣れていない道路を進むことになるので、気をつけなさい。」
「用心する」の use caution も必須の言い回し。

Part 1

t4 tentatively
差当り

The meeting of the group has been **tentatively** scheduled to take place from 20 to 26 August 2008 in Quebec, Canada.

「そのグループの会合は差当ってはカナダのケベックで 2008 年の 8 月 20 日から 26 日まで開催されることに決まりました。」

ここの tentatively は hesitantly とはならない。

t5 the terms of the contract must be reviewed to ensure that
〜を保障するために契約の条件を確認しなければならない

The construction company's client said that **the terms of contract must be reviewed to ensure that** delays in completing construction caused by bad weather are covered.

「その建設会社のお客さんが言うには悪天候のために建築が遅れた場合でも対応を保障してもらいたいので、契約条件を再確認する必要があるとのことでした。」

ここでの cover は「元のお金で最後まで対応する」と言うこと。

t6 through feedback from
〜からのフィードバックによって

One of the best ways for teachers to improve their skills and strengths is **through feedback from** their students.

「先生が自分の技量と強みを伸ばすのにいい方法の 1 つは自分の学生のフィードバックを検証するということです。」

t7 thoroughly review
完全に見直す

ズバリ頻出盲点英単・熟語

You will need to **thoroughly review** last year's questionnaire before writing a new one because it contained a number of problems that were only discovered when the data was analyzed.

「新しいアンケートを作る前に去年のものを隅から隅まで見直して下さい。去年のアンケートはデータ分析をしてからたくさん問題が出ました。」

この review がもし名詞であれば thorough review となり、do/conduct a thorough/comprehensive/exhaustive review「完全に見直す」などともなる。through revision もよく用いられる。review が動詞の場合は thorough review とならないことにも注意。

t8 tightly closed
きつく締められて

Medicine bottles should be **tightly closed** after use and stored well out of reach of children.

「薬の入った瓶はきつく締めて子供の手の届かないところになおして下さい。」
clearly/cleanly/solidly closed などには出来ない。

t9 to an absolute minimum
最小限度で、に

Endnotes and footnotes should be kept **to an absolute minimum** in order for substantive comments to be integrated within the text.

「エンドノートやフットノートは最小限にして、できるだけ内容のあるコメントは本文の中に組み込むべきである。」
ここの text は the が付いて本文を表す。

t10 toll collection
道路料金の徴収

Toll collection on some expressways in the State has been automated and this has speeded up traffic flow considerably.

「この州の高速道路の中には道路料金の徴収が自動化されているところがあり、交通の流れがかなり速くなった。」
ここの toll collection は 1 つの概念なので単数のまま。

Part 1

t11 to your satisfaction
満足して

The complaints department of the Good Shopping Supermarket guarantees to deal with any problem you have with items purchased there **to your satisfaction**.

「グッドショッピングスーパーマーケットのお客様苦情室は当該店で購入された品物については全てお客様が満足される形での保証を致します。」

間に complete を入れて to your complete satisfaction としても良い。

t12 the total number of
〜の総数

The AZA Accreditation Commission met on March 26-28, 2003 in Columbia, South Carolina, and is pleased to announce the accreditation of six new institutions, which brings **the total number of** accredited institutions to 212.

「AZA（アメリカ動物園、水族館協会）の認可委員会が 2003 年 3 月 26 日から 28 日に掛けてサウスカロライナ州コロンビアで招集された。結果、新たに 6 の施設が認可されることになり、これで全部で認可団体の合計は 212 になる。」

t13 traded on-line
ネット上で取引される

Small stockbrokers are losing customers now that shares in so many companies can be **traded on-line**.

「今や多くの会社の株がネット上で取引可能になったために小さい証券会社にはお客が少なくなってきている。」

ここの now that は because に近いと考えれば良い。

ズバリ頻出盲点英単・熟語

t14 trade show/fair
貿易展覧会（千葉の幕張メッセで行われているようなものを想像すればよい）

Northshore Displays specializes in **trade show** displays, convention exhibits, booths and modular custom displays for international conventions.

「ノースショアディスプレイズは貿易展覧会の展示、テーマに沿ったパネルなどの展示、国際会議の展示ブース、国際会議用の顧客のニーズに沿ったオーダーメイドの模型の展示を専門にしている。」

t15 traffic congestion
交通渋滞

The highway the country is planning to construct will lessen the heavy **traffic congestion** in the city center.

「国が建設を計画しているこの高速道路は町の中心部の交通渋滞を緩和するだろう。」

全体の意味を考えれば the proposed highway construction will... のようにもなる。city center「町の中心部」。

t16 traffic flow
交通の流れ

In 2000 the first international symposium on the theory of **traffic flow** was held at the research laboratories of GW Cars in Geneva.

「2000年に交通の流れの理論に関する第1回目の国際会議がジュネーブのGWカーズの研究所で開かれた。」

t17 training sessions
訓練期間

Part 1

There will be **training sessions** on the use of the newly installed computer program next week.

「今度新たにインストールしたコンピュータのプログラムに関するトレーニングセッションが来週あります。」

t18 □ transactions
お金の支払いの処理

The three categories of payment methods that can be applied to the **transactions** are the following: paying by cash, paying by credit card and paying by check.

「お金の支払い処理に適用される支払いの方法の3つは以下の通りです。現金による支払い、クレジットカードによる支払い、小切手による支払い。」

t19 □ travel time
移動時間

Many people consider the **travel time** to work when looking for a site to build a house on.

「家を建てる場所を決めるときには通勤時間を考慮することが多い。」

t20 □ a two-month investigation
2ヶ月にわたる調査

Doyota is planning **a two-month investigation** of buyer preferences in Pennsylvania.

「ドヨタはペンシルベニアの消費者の動向を2ヶ月に亘って調査することにしています。」
　a two-month は形容詞的に働いているので次には名詞が来ることに注意。

u1 □ unconditionally guaranteed
無条件で補償される

These cars are **unconditionally guaranteed** against delamination and corrosion for the life of the product.

「これらの車は塗装のはがれとさびに関しては無条件で補償されます。」

u2 under the impression that
〜という印象の下で

Other staff members in the accounts department were **under the impression that** Miss Yabuzaki had only been employed temporarily, but it seems that she will be staying on permanently.

「会計課の他の職員は皆、藪崎さんはパートで入っているという印象を持っていたが、どうも彼女はずっとここにいることになるらしい。」

other staff members に the をつけると「彼女以外は全員という気持ち」がより強くなると思われる。

u3 urban planner
アーバンプランナー、都市開発計画者

The local authorities have recognized the need to widen and extend many of the streets in the old city center and will employ two **urban planners** to manage the project.

「その地区の責任者達は町の旧市街の拡張の必要性を認識したので、計画の遂行のためにアーバンプランナーを2人雇うことにした。」

local authorities を市役所の役人の人たちと考えると city officials となる。

u4 usually available
大抵の場合利用出来る

Teachers are **usually available** on Friday afternoons to give assistance to students who are having difficulties writing papers.

「先生方は金曜日の午後に関してはレポートがなかなか書けない学生の為に時間を空けていることが多い。」

例えば daily は通例文末に来るので、ここでは daily available と出来ない。

Part 1

参考例 daily の例
☐ Someone from the courier service calls **daily** at 4 p.m. to pick up any items that need to be delivered.
「宅急便の人は毎日午後4時に送る荷物を取りに来ます。」

---

v1 ☐ **vacate the premises**

敷地内から出る

On Club Nights children 12 years of age or under must **vacate the premises** by 8 p.m.
「クラブナイツでは12歳以下の子供は夜の8時までに敷地内から出なくてはなりません。」

---

v2 ☐ **valid for one month**

1ヶ月の間有効

Kazuhiko won a voucher for a meal at a fast-food restaurant, but it was **valid for** only **one month** and he couldn't find the time to go.
「和彦はファーストフードのお店で食事券をゲットしたが、有効期間が1ヶ月しかなくて、結局、食べに行く時間がなかった。」

---

v3 ☐ **venue**

イベントを行うための場所、会場

So many of the companies that attended the training session last year have expressed an interest in bringing a larger number of their staff next year, so we are planning to use a larger **venue**.
「去年のトレーニングセッションに参加した多くの会社が来年のセッションにはもっとたくさんの社員を参加させることを表明したので、こんどはもっと大きな会場を使うつもりです。」

v4 visitors and locals alike
外から来た人も地元の人も同じように

As mentioned above Malt House offers a wide variety of seafood including Monkfish, Lobster, Prawns, Scallops, Mussels and of course Galway Oysters which are always a favorite with **visitors and locals alike**.

「上に述べました通り、モルトハウスは様々なシーフードをお出ししております。アンコウ、ロブスター、車海老、ホタテ、ムール貝などがありますが、特に、当地のギャルウェイの牡蠣は旅行者にも地元の人にも大人気です。」

alike なしで使われることも多い。favorite with は favorite for となることもある。

v5 volatile
（人が）不安定で、きれやすい、（値段が）不安定で

Brian Williams is the most talented designer in the company, but his character is very **volatile** and he is not very dependable when it comes to meeting deadlines and gets mad easily when criticized for it.

「ブライアン・ウィリアムズは会社で1番才能があるデザイナーではあるが、非常に不安定で、きれやすく、締め切りをあまり守らない。しかも、それを批判されるとすぐにきれる。」

v6 voter turnout
投票率

Unless **voter turnout** is extremely low because of weather conditions, the Radical Party is likely to finish third, with 8 or 9 percent.

「天気が異常に悪くなり、投票率が極端に低くならない限りは革新政党は8から9パーセントの票を取り、第3位に終わる公算が強い。」

w1 waive
〜を放棄［撤回］する

Part 1

The city council shall **waive** the tax requirements where land is dedicated for park purposes.
「市役所の法律では土地が公園として利用される場合には税金を徴収しないことになっている。」

w2 way down on last year's
去年よりずっと下回る

This year's income was **way down on last year's** because I only worked part-time.
「今年はアルバイトしかしなかったので去年よりも収入がぐっと減った。」
　　way down on or way below「〜よりずっと下回る」。

w3 ways in which
〜する方法

To make phone calls, send e-mail messages and find information are only some of the **ways in which** multifunctional cellular phones can be used.
「電話する、E-メールを送る、情報を得る、というのは今の多機能の携帯電話の機能の内の一部でしかない。」
　　携帯電話は cell phone と言うことが圧倒的に多く、その次に mobile phone、cellular phone と続く。

w4 one's whereabouts
人の行方、もののありか

Mr. Horne has not been seen since he fled his house two weeks ago, raising questions about his **whereabouts**, should he still be alive.
「ホーン氏2週間前に家出してから生きているという兆候がない。彼の居場所がどこなのかという疑問が提示されている。まだ生きていればの話だが。」

w5 , which necessarily includes
〜を必ず含む

An important step in deciding the best location for the planned shopping mall is to research current consumption trends, **which necessarily includes** an analysis of spending patterns of the local population.

「予定しているショッピングセンターの場所を決める重要な取っ掛かりとして現在の消費トレンドを調査するということがある。その調査には必然的に当該地域の消費者の消費パターンの分析を含むことになる。」

w6 wiring diagram
電気の配線図面

These **wiring diagrams** have to be followed like a road map.

「この配電図面は道路地図のように追いかけなければならない。」

w7 with the exception of
〜の場合を除いて、を例外として

With the exception of ancient Sparta, Greek women had very limited freedom outside the home.

「古代スパルタの場合を除いてギリシャの女性は家の外では自由が殆どなかった。」

類例 Months are 30 or 31 days long, with the exception of February, which has 28 or 29 days.
「ひと月は30日か31日だが、2月だけは例外で、28日か29日である。」
頻出。

w8 within 48 hours of the time of
48時間以内の時間で

Part 1

Orders received by phone must be confirmed by FAX **within 48 hours of the time of** placing the call.

「電話での注文は電話してから 48 時間以内にファックスで確認を取る必要があります。」
　place a call 「（固い言い方で）電話をする」

類例 Items purchased by mail order must be paid for within 10 days of delivery.

「通信販売で購入した商品は品物が到着してから 10 日以内に支払いをお願いします。」
　mail order 「通信販売」

w9 within walking distance of
～から歩ける距離で

Hotels **within walking distance of** the amusement park can be found on the park's website.

「遊園地から歩いていける距離にあるホテルは遊園地のウェブサイトに記載されています。」
　決まった言い方なので of を from にすることができない。

w10 without the written consent of the patient
患者の書面での同意なしに

Under normal circumstances, a hospital cannot perform a surgical operation **without the written consent of the patient** or his or her next of kin.

「通常の場合病院側は患者の、若しくは、当該の患者の近親者の書面による同意がなければ外科手術を行うことは出来ない。」
　next of kin 「近親者（父、母、子供、配偶者）」

w11 with regret that someone be not now able to fill our order
残念だが現在では我々の注文を受けることが出来ないで

The company informed us **with regret that they were not now able to fill our order** as production of the item we wanted had been stopped.

ズバリ頻出盲点英単・熟語

「その会社は我々に残念ではあるが我々が求める商品の生産がストップしてしまったので注文を受けることができかねると言ってきました。」

now が入っていると、ずっと出来ないという気持ちが入りがちになる。一時的に生産がストップしているが、待てば入るというのであれば以下のようになる。The company informed us with regret that they were not yet able to fill our order as production of the item we wanted had been temporarily suspended.

w12 with respect
敬意を持って

Mrs. Williams, who is nearly 80 years old, often complains that young people don't treat the elderly **with respect** anymore.

「ウィリアムズさんはもう 80 近い人ですが、最近の若いのは年寄りを大切にしないとよく言っております。」

with は前置詞であるので当然目的語は名詞となるので with respectful/respectable などとはならない。動名詞の respecting も名詞の respect があるために名詞としての独立性がブロックされて with respecting は成立しない。

w13 work environment
労働環境

The future **work environment** will be characterized by significant changes in how work is organized, carried and evaluated.

「将来の労働環境の特徴は仕事の組織のされ方、実行のされ方、評価のされ方などに基くことになる。」

w14 work hard
懸命に働く

Mary Johnson **works hard** and her contributions to our design department is invaluable.

「メアリー・ジョンソンは働き者でこのデザイン部に対する貢献はすごいものがある。」

もともと才能を持っていることで貢献しているのなら have real talent とでもなるだろう。基本的な言い回しであるが、このような基本的な言い回しを敢えて問うのも TOEIC の特徴の 1 つである。勿論 hard の代わりに hardly を使うことは出来ない。

Part 1

w15 wrap something securely
〜をしっかりと動かないように包む

Please be certain to **wrap** the fragile items **securely** and place them in a box of the proper size.

「壊れ物はしっかりと動かないように包んで、ぴったり合った大きさの箱に間違いなく入れて下さい。」

securely という副詞は時々TOEICで散見される。ここの securely の部分には carefully なども入る可能性がある。

Part 2

勘違いしやすい盲点英単・熟語

> **Part 2**
> 知られた単語、熟語ではあるが、あまり馴染がない用法で出題されることがあるものを集めた。

Part 2

a1 above all (else)
なかんずく、何にもまして

The goal was to improve speed and add features while keeping a high level of cross-browser compatibility and, **above all**, stability.

「目標はクロスブラウジングの能力のレベル、特に安定性を維持したままスピードを上げて、色々な機能を追加することでした。」

and、above all、となっているときの文脈に注意すること。又、この句は全体として副詞として働いているので、above all を取っても文として成立していることにも注意。

a2 accommodate
〜を収容する能力がある

The chalets are large enough to easily **accommodate** a meeting or conference if you want to do some business along with your fishing.

「その山荘は十分な大きさがあるので、釣りに加えて、何か仕事をしたいときにも会議や会合を開くことができます。」

類例 This well-established pizza restaurant can accommodate large parties and team sporting events.

「この有名なピザレストランでは大きなパーティーやチームスポーツのイベントをすることもできます。」

a3 accommodate the codes
その規則を受け入れ、それに合わせる

The exotic plans for the fun park contravened the city's rigid building codes, and no matter what adjustments the designers made, **the codes** could not be **accommodated** without changing the park's whole concept.

「遊園地に異国情緒をもたらす計画は市の融通のきかない建築基準に抵触した。どのようにデザイナーが変更を加えてみてもその遊園地の全体のコンセプトを変えないことにはその建築基準を守ることは出来なかった。」

「市の融通のきかない建築基準を守るにはイライラが募る」と言うのは the city's rigid building codes are too frustrating to accommodate となる。建築基準は人間ではないので、この場合は frustrated とならないことに注意。

a4 address

～に取り組む

Cornwall Electric Company has announced that the company is taking a number of steps to **address** customers' concerns.

「コーンウォール電気会社はお客様の心配事に対処するべく、複数の方法を実践しています。」

ここの concerns は「お客さんにとっての心配事や尋ねたいこと（返品、請求、使いかたなどに関して）、用事」(complaints, needs, worries, suggestions, problems, ideas の集まったもの)。a number of「いくつかの」は「ひとつではない、複数」を表している。1以上は確かであるが、2つの可能性もある。steps は measures がちがい。address は辞書にはあまり出ていないが、「～に取り組む」の意味で、She addressed the problem.「彼女はその問題に取り組んだ。」のように使う。deal with、take up がちがい。過去形の announced よりも has announced の方が重みを感じさせることができ、今実現しているという感じを与える。同様に、the company を繰り返す方が、it で置き換えるよりも重みを与えることができる。

a5 address the problem of

～の問題に取り組む

The report includes recommendations on how to **address the problem of** illegal DVD trafficking.

「広告書には法に抵触する DVD の不正売買の問題に踏み込む際の望ましい踏み込み方について記述がある。」

ここの DVD は a four door car の four door と同じく、形容詞的に使われているので、複数にはならない。

a6 be advised that

～だと通告する

Part 2

Our clients should **be advised that** due to damage caused by last week's tornado, our office will be closed for repairs from September 8 through 16.

「お客様には先週の竜巻で発生した被害のために会社が9月8日から16日まで休業させていただくということをお知らせします。」

類例 Be advised that all money in your account must be withdrawn by the end of the year or it will be forfeited.

「お客様の口座のお金の全てを年末までに引き出して下さい。そうしない場合は没収されることになります。」

a7 agreeable

天候が心地よい

The weather in Bangor is often **agreeable** in spring, so those who visit the countryside can choose from a range of outdoor activities.

バンガーの春の天気はたいていの場合気持がいい天気である。したがって、この田舎町に来ると、屋外でできるいろいろなレクリエーションの選択肢の幅が広い。

　spring には the がつく場合とつかない場合とがある。

a8 airport link

空港と町との間のアクセス

A new **airport link** is crucial in encouraging new sightseers from Western countries to visit this area.

「空港と町の間のアクセスを新たに設けるのはここに来たことのない西洋人を呼ぶのに絶対に必要です。」

a9 airtight containers

密閉容器

Airtight containers are convenient for preventing samples from getting damaged or spoiled.

「密閉容器はサンプルの商品が壊れたり腐ったりしないので便利です。」

勘違いしやすい盲点英単・熟語

a10 all steps
全ての手順

All steps must be carried out appropriately.
「全ての手順が適切に実行されねばならない。」
　　all steps は間に定冠詞をはさんで all the steps とできる。ここでは all の代わりに most は可能。most of は不可能。much、almost も不可能。

a11 be anchored securely on
〜にしっかりと備え付ける

To avoid the possibility of getting blurred photos, the camera should **be anchored securely on** a tripod rather than held in the hands.
「手ぶれの写真になることを防ぐにはカメラを手で持つのではなく三脚にしっかりと固定することです。」
　　「備え付ける」の時の anchor は基本的に受動態となる。ちなみに、夕日が沈んでいく場面のような薄暗いイメージを撮る、というのは capture a low-light image と言うらしい。こういう場合も長い時間の露出がいるだろうから三脚にカメラを載せることが多いのだろう。

a12 apartment complex
アパート

The contract says that the **apartment complex** does not permit any pets on the premises, but many if not most residents have some form of animal companion.
「契約書に書かれていることによるとこのアパートでは敷地内においてはいかなるペットも飼ってはいけないということになっている。しかし、ほとんどとはいえないまでも実際にはかなりの住民が何らかのペットを飼っている。」
　　animal companion と単数になっているのは 1 人の住民に付き（あるいは 1 世帯に付き）1 匹のペットという感じがあるからであろう。

Part 2

a13 appliances
（家事を楽にする）電化製品

In order to avoid a lightning strike during a storm, stay away from indoor water faucets, telephones, **appliances** and lamps.

「台風の時に雷に打たれないようにするには、室内の蛇口、電話、電化製品、それに電気スタンドには近づかないようにしなさい。」

意味から考えて appliances の次に and が入ることにも注意。appliances は「家事を楽にする電化製品」で食洗機（dish washer）、洗濯機（washing machine）、ポット（pot）などが連想される。電気が通る可能性があるという意味ではこの文の文脈ではラジカセなども含めても良いかもしれない。しかし、このようなものは通常の文脈では audio equipment と呼ばれる。

a14 appreciate your interest in
そちらが〜に興味があることを嬉しく思う

We **appreciate your interest in** our company and its products and will be happy to provide any further information you may require.

「貴方が当社及び当社の製品に興味を持っていること嬉しく思っております。何か知りたいことが御座いましたら何なりとお申し出下さい。」

provide はお馴染みの形にすると provide you with any further information となる。少し形を変えて以下のようになることもある。Our company appreciate the interest you have shown in its products.... 因みに「ある企業独自の製品を作る方法」というものが想定出来る場合は manufacturing methods などと言う。

a15 apprenticeship
徒弟制度

Apprenticeship programs are sponsored by joint employer and labor associations.

「徒弟制度のプログラムは雇用主と労働者の両方のグループで力を合せて後押しがされています。」

joint A and B associations という形になり、A と B は形容詞的に使われている。

勘違いしやすい盲点英単・熟語

a16　have arranged for someone to do
人が〜するように手配した

Wilson Rare and Antique Book Store **has arranged for** its regular customers **to** be able to receive a catalogue of new arrivals over the Internet each month.

「ウィルソンレアーアンドアンティークブックストアではお得意様には毎月インターネット経由で新商品のカタログが届くようにしました。」

receive する主体を表すのには前置詞の for が必要。他の前置詞では間に合わない。

a17　as a benefit of membership
メンバーの特典として

As a benefit of membership, you will receive advance information about planned events, as well as have the chance to win big prizes in lotteries and competitions.

「メンバーになれば計画済みのイベントの情報を前もって手に入れられるし、くじ引きやコンペで大きい賞金が手に入る可能性もあるよ。」

ここの as well as は and あるいは and also などと考えればよい。

a18　as encouraging as
〜と同じくらい人を励ますような

In spite of all the hard work the promoters put in, the results of the publicity campaign were not **as encouraging as** they had expected.

「プロモーターの懸命の努力にもかかわらず宣伝活動の結果は彼らが期待してほどのものではなかった。」

a19　assume office
職を引き受ける→就任する

Part 2

He will **assume office** in August of 2009, following a year of service as President-elect.

「彼は次期会長として一年間過ごした後、2009年の8月から会長職を務める。」

> 辞書にはあまり出ていないが、assume office「職を引き受ける→就任する」という決まった言い方。take office ともいう。このことからも take と assume には共通する意味があることが見て取れる。

---

a20 ☐ the assumption of debt

借金の責任

The purchase price including **the assumption of debt** is equivalent to $ 10,000

「借金を含めた購入価格は1万ドルになる。」

---

a21 ☐ assurance of

〜の確保

Payment of the entrance fee to the exhibition hall carries no **assurance of** entrance to any of the individual exhibition sites.

「展覧会会場の入場料を払っても個人でやっている展覧会の場所には入場することはできません。」

---

a22 ☐ be assured of

〜について確信して

Some people prefer not to complete recommendation forms unless they can **be assured of** the confidentiality of their comments.

「自分が書いたコメントがどこにも絶対に漏洩しないという確信がもてない限りは推薦書を書きたくないという人もいます。」

> complete recommendation forms は write recommendations 或いは、write letters of recommendation のこと。unless one can be assured of 「〜について確信しない限りは」と長いフレーズで覚えておいても良い。

勘違いしやすい盲点英単・熟語

a23 at one's earliest convenience
都合がつき次第出来るだけ早く

Parents should go to Discovery Middle School **at their earliest convenience** to register their students in grades 7-9.

「7年生から9年生の生徒を登録しなければいけないので、親御さんは出来るだけ早くディスカバリーミドルスクールに行ってください。」

名詞の convenience であって convenient ではない。

a24 at one's stations
自分の持ち場について

On the morning of the day the new factory begins production, all the equipment will be in place, all the hourly workers will be **at their stations**, all the raw materials will be at hand and all the systems will be ready to go.

「新しい工場が稼動する日の午前中に、全ての機材が配置され、時間労働者が全て持ち場に配属され、原材料も全て手元に配置され、全ての準備ができた状態となる。」

a25 attribute A to B
A を B のせいにする

Those in the know **attribute** the sudden success of the new enterprise **to** the innovative designs being done by the new young staff in the company.

「専門家によるとその新しい会社が急に成功したのは新しい若い社員の手による革新的なデザインが原因である。」

a26 available daily for
〜を毎日利用できる

Part 2

The room is **available daily for** meetings in the early evenings.

「その部屋は午後の遅い時間の会合なら毎日使えます。」

hourly、daily、weekly、monthly、yearly は available の前に来ないですぐ後ろに来る。usually だと逆に前に来る。

a27 available for

〜に利用できる

There are many well located and attractive offices **available for** rent in Preston and businesses looking for new premises are advised to make a careful choice.

「プレストンには賃貸するのに便利な魅力的なスペースがたくさんあります。新しい場所を探している会社は場所探しを気を付けて行うべきである。」

ここの office は会社ではなく、ビルの中にある会社が使えるスペース。

a28 average

（自動詞）　平均して（大きさなどが）〜である

Although Lisa was weak at math, her scores **averaged** more than all the other students.

「リサは数学が苦手だったが平均するとどの学生よりも点が良かった。」

b1 a background check

（往々にして履歴書に書かれないような）背景事項を調べること

When you write a c.v., you should be aware that diligent companies may do **a** careful **background check,** so the information you give should be completely accurate and should not omit any important facts.

「履歴書を書く際に気を付けるべきことはきちんとした会社は書類の裏をきっちり取るということです。従って、書く内容は微に入り細に入り正確に書き、大事なことは決して落とさないようにしなさい（要するに嘘をつくなということを遠回しに言っている）。」

勘違いしやすい盲点英単・熟語

類例 A background check, including one of an applicant's criminal record, can help to avoid or diminish problems with personnel.

「申請者の犯罪記録を含めて、背景をきっちり調べると、職員関連の問題を減らす、あるいは、なくすことができる可能性があります。」

one は a check を表す。雇った人が将来なにかしてもこれだけのことをきちんと調べて雇いました、という弁解ができるという意味合いが有る。このような事例に関連して、私たちは保証されている、と言いたい時には cover「保障する」(cf. insurance cover「保険による担保」) を使って、例えば、以下のようになる。We have to keep ourselves covered in case something happens.（have to の次は be covered/protected でも良い。）

b2 the baggage allowance

機内持ちこみ手荷物の制限

Some airline companies are quite strict about **the baggage allowance** and only allow you to carry one bag on board with you.

「航空会社の中には手荷物制限の厳しいところもあってそういうところでは1つしか荷物を持ち込めない。」

ここの allowance は「許容範囲」という意味で考えれば良い。

b3 balance

銀行の残高

Average daily **balance** is the average amount that remains in an account over a period of time.

「平均の1日あたりの残高はある一定の期間において口座に存在する平均の額を指す。」

b4 based on a commitment to quality

品質に対する献身に基づいて

Any manufacturing company whose planning and production are not **based on a commitment to quality** will not succeed in the long run.

「製品の計画と生産がいかに良い品質を保持するかということに基づいていない会社は長い目でみると結局は駄目になる。」

in the long run「長い目で見ると」

Part 2

b5 become argumentative (with)
（〜と）けんか腰になる

When stopped by police, remember to avoid **becoming argumentative**. Arguing will not change the officer's mind. If you contest the violation, you will have an opportunity to address the matter in court.

「警察に止められたときはけんかしてはいけない。けんかしても許してはくれない。もし、自分の違反に異議があるときは法廷でそれを問題にすることも出来ます。」

定冠詞なしの police は policemen、police officers というような人間を暗示する。the police は警察組織。ここの argumentative は arguable に出来ない。

b6 beginning
初心者の

What used to be confusing technical jargon is now so understandable that even **beginning** photography hobbyists can use this book immediately.

「かつては専門用語であった単語でも今ではごく分かりやすい単語になっているので、写真に関して初心者でもこの本はすぐに読める。」

experienced だと、ちょうど意味が逆になる。photography hobbyist は「趣味で写真をやっているアマチュアの写真家」。fish hobbyist だと、「趣味で熱帯魚を飼っている人」のような感じになる。

b7 benefit
〜に益する

All proceeds from this charity auction will **benefit** organizations carrying out research into diseases of children.

このチャリティーオークションで得た利益はすべて、子供の病気を研究する機関に寄付されます。

勘違いしやすい盲点英単・熟語

b8 box office hours
切符売り場でチケットを売っている時間

Box Office hours are Monday to Friday 10 a.m. to 6 p.m. and Saturday noon to 6 p.m. Effective Monday May 01, 2008.

「切符売り場でチケットを売っている時間は月曜から金曜までは朝の10時から夕方6時までで、土曜日は正午から夕方の6時までです。この時間は2008年の5月1日の月曜日から適用されます。」

b9 briefcase organizer
書類入れ

Our deluxe tote bag with front zippered **briefcase organizer** should be popular among today's busy executives who need a cell phone pocket.

「当社の前で開く書類入れが付いているデラックストートバッグは携帯電話用のポケットが必要な今日の多忙なイグゼクティブに人気間違いなしです。」

b10 build a balanced portfolio
バランスの取れたポートフォリオを作る

In the current market, investors should choose individual investments carefully in order to **build a balanced portfolio**.

「現在の市場では投資家はバランスの取れたポートフォリオを作成するためには個々の投資を注意深く選択する必要がある。」

c1 call someone directly to place an order
注文するのに直接電話をする

If you wish to order wines from Wine House, please **call us directly to place an order**.

「ワインハウスからワインを注文されるのでしたら、直接電話してください。」

Part 2

類例 Contact us directly to place an order for bonding tools.

「大工道具のご注文は直接どうぞ。」

bond はくっつけるという意味合いがあり、ここでは bonding tools は「大工道具」と考えるべき。directly は副詞ではあるが、place an order と共に使われることが多く、これ全体で一種のコロケーションをなしていると考えてもよい。directly の代わりに、遠くから注文するからといって、例えば、remotely などが入ることはない。

c2 can be entered

入れることが出来る

Frequently viewed sites **can be entered** and stored in a special file which allows them to be accessed without having to enter their addresses each time.

「頻繁に見るサイトのアドレスは特別なファイルに入れて保存しておくことが出来ます。そうすると1回ごとにそのサイトのアドレスを入れなくともそのサイトに飛ぶ事が出来ます。」

c3 care for

ペットなどの世話をする

As the population ages, many women in Japan are obliged to remain at home to **care for** an elderly parent.

「高齢化社会を迎えると日本では年老いた親の世話のために家から出れなくなる女性が多くなる。」

care for は「〜が好きである」と覚えられているが、それは疑問文と否定文においてであって、肯定文の時はしばしば「世話をする」となる。elderly は年を取っている人に敬意を払って使われることがある。

c4 carefully screened

細心の注意をもって選別された

Well-respected, **carefully screened** companies contract to maintain the confidentiality of your information.

「名門の選び抜かれた会社はあなたが提供した情報の秘密は絶対に外部に漏らしません。」

勘違いしやすい盲点英単・熟語

類例
Occasionally, the Ron Post may make its reader e-mail list available to carefully screened companies that offer products and services which could be of interest to you.

「時にロンポストは読者のE-メールのリストを選び抜かれた会社には送ることがあります。その会社はお客様にとって興味を引く製品やサービスを提供するからです。」

c5 carry-on bag

手荷物

Planning for laundry while you travel can save you time. Pack light in one **carry-on bag**.

「旅行の間洗濯物をどうするか計画しておくと時間の節約になります。機内に持ち込める手荷物にあまりものを詰め込んではいけません。」

ちなみに、出来るだけ身軽に旅行することを travel light ということがある。

c6 challenged

困難を背負わされた→困難を背負った

At this university many freshmen who cruised through high school are surprised to find themselves much more **challenged**.

「この大学では高校時代に楽をして単位をとって卒業した学生はでも、たいていは１年生のときに高校時代よりもはるかに勉強が苦しいことがわかって、一種の驚きを感じることになる。」

ここの high school は高校教育そのものを指していて、具体的にどの高校ということではないので単数が普通。

c7 a change-of-address notice

転居のお知らせ

If you move house, remember that **a change-of-address notice** should be sent to any clubs or organizations you belong to, so that you are not removed from their mailing lists.

「引越しをする際には転居のお知らせを自分の所属するクラブや組織に送って下さい。そう

Part 2

することで送付リストから外されずに済みます。」

move house は「引っ越す」。ここで move your house とでもすると、家を物理的に移動させる、となるので注意。relocate でもよいが、個人の引越しよりは会社の引越しのときに使う。方言では shift house ということもあるらしい。

c8　choose from

〜から１つを選ぶ

You will be able to **choose from** several different packages, among them our five star package, which includes a wedding gown, bridesmaids' dresses, and tuxedos.

「お客様は幾つかのパックの中から選ぶことが可能です。その中には私どもの５つ星のパックもあり、それにはウェディングドレス、新婦の付き添いのドレス、それにタキシードも付いています。」

bridesmaid「新婦の付き添い（未婚の女性）」、matron of honor「新婦の付き添い（既婚の女性）」、flower girl「結婚式で花を運ぶかわいい付き添いの女性」、page boy「新婦に付き添う男の子」、best man「花婿の付き添い」。

c9　city limits

町と田舎を分ける（町から見た）境界

When making cross country trips, you have to remember to slow down when you drive through even very small towns because there is a speed restriction within **city limits**.

「長い距離を旅行する時にごく小さな町を通るような時は運転する際はゆっくりと走らないといけません。町の中は制限速度があります。」

ここの cross country trips は長距離旅行の long distance trips ということで国境を越えていくということではない。within は inside と置き換えても良い。

類例 If you are building a house within the city limits, you need to check carefully on the building restrictions that apply to your site; those that apply inside the city limits can be more restrictive than those that apply outside the city limits.

「都心に家を建てる時は建築予定地の建築制限に気をつけなさい。町の中で建てるときは、田舎で建てるときよりも、制限が厳しいです。」

勘違いしやすい盲点英単・熟語

c10　close contracts with
〜と契約を締結する

Michelle has only been working in our sales department for 3 months but has already **closed contracts with** three important new clients.

「ミッシェルは販売部に来て僅か3ヶ月なのですが、既に新規のしかも重要な顧客と3件の契約を取りました。」

close contracts は「契約を止める」、ということではなくて、「契約を締結する」。これに関して、closure という単語が家を買った時の様々な登録の手続きを表すことがあるらしい。work in は「ある場所で働く」、work for は会社の名前を目的語に取ることが多く、「雇用関係に焦点を当てて〜で働く」。派遣社員が働くというイメージもあるかも知れない。

c11　comment on
〜について意見を述べる

Visitors to our company's manufacturing plants often **comment on** the fine recreational facilities available for workers.

「私どもの会社の工場を見学された方は社員が使う娯楽設備の素晴らしさをよく口にされます。」

recreational facilities はテニスコートやプールなど。comment は名詞句をとる場合は on が必要。その他の場合は that 節を取る。このように考えると that 節が on 名詞と平行していると考えられるので、that 節の名詞性というのはかなり不安定で、弱い場合があると考えられる。

c12　community center
コミュニティーセンター（教育・文化・厚生施設があり地域社会の中心となる）

The management of our **community center** is extremely active and innovative and plans talks, workshops, study groups, and get-togethers of all kinds for citizens of all ages, needs and interests.

「私たちのコミュニティーセンターの経営陣は非常に活動的で革新的です。講演活動、様々な教室、勉強会、それにあらゆる年齢層の市民、様々な必要性と興味をもつ市民のためにあらゆる種類の社会活動を計画しています。」

Part 2

c13 the community newsletter
地域の新聞

We are asking citizens to submit short items about local events for inclusion in **the community newsletter**.

「地域の新聞に載せるのに適当なイベント紹介の短い記事があれば、地元の人に出してもらえると有りがたいです。」

c14 commutes
通勤時間

Some members of the staff have very long **commutes** and spend as much as $70 a week on gas.

「職員の中には通勤時間がかなり長い者もいて、週に70ドルもガソリン代を使う者もいる。」

c15 complete satisfaction
完全な満足

The aim of our company is to give **complete satisfaction**, so if you have any complaints or suggestions about our work, please do not hesitate to discuss them with our staff. They will be glad to help.

「この会社の目的はお客様に完全に満足してもらうということです。もし私どもに不満やご希望がありましたら、スタッフに何なりとお申し付け下さい。喜んでお手伝いさせていただきます。」

c16 conduct a survey [surveys]
調査を行う

The Fish and Game Department **conducted a survey** of wild duck hunters in order to assess opinions regarding hunter satisfaction.

「釣りと狩りの省ではハンター達の満足度に関する意見を調べるために、野生の鴨のハンター

勘違いしやすい盲点英単・熟語

達を調査した。」

survey は具体的に何かを調べた、というイメージを持つ。research は数えられないので a の次に持ってくる事は出来ず、conduct research となることに注意。do research でも問題ない。

c17 conserve energy
エネルギーを節約する

Our power plant is designed to **conserve energy** by using waste heat from the generation of electricity for other purposes.

「当発電所は電気の生成によるあまった熱を他の諸目的に利用することでエネルギーを節約できるようになっています。」

c18 considerate
人に気を使う

Everywhere you go these days, you see signs or hear announcements asking you to be **considerate** and refrain from using mobile phones.

「最近ではどこへ行っても、周りの人の迷惑になるので、携帯電話の御使用はお控え下さい、というサインをみたり、聞いたりします。」

目的語をとる場合には後ろに of が来る。通常人間が主語となる。しかし、寝ている人を起こさないように離れた場所で部屋を閉め切った状態でドライヤーを使っていることを言った時に、That's considerate. と言ったアメリカ人がいた。携帯電話は cell phone という言い方が 1 番多いと思うが、chick fic（若い女の子が読む小説）/chick flic（flicks）（若い女の子が見る映画）では mobile phone が好まれるという人もいる。

c19 contribute greatly to
〜に大いに貢献する

The plan to let off the fireworks according to a pre-announced schedule **contributed greatly to** the attraction of the event for local people and motivated the organizers to consider arranging a similar event the next year.

「前もってお知らせしたスケジュール通りに花火を打ち上げる計画を立てたことで、地元の

Part 2

人達にとって花火大会はより魅力あるものとなった。結果、主催者側は次の年も同様のイベントを開催する気になった。」

fireworks は通常複数形で使用する。

c20 contribute toward

〜に対してお金を出す

The receptionist, who has been working here for twenty years, is leaving for health reasons, and so we would like to ask staff to **contribute toward** a gift to be presented at the farewell party.

「受付の人が 20 年間ここで仕事をしてくれたのですが、今度健康上の理由で退社されることになりました。つきましてはさよならパーティーで贈るためのプレゼントの購入費用を職員に出して頂きたくおもっています。」

c21 be conveniently located

便利な場所にある

Our fully furnished apartments **are conveniently located** near public transportation, shopping, major highways and have all the amenities of home.

「家具が最初から全て備え付けの私どものアパートは交通の便がよく、買い物にも便利、高速道路にも近く、家にあれば良いなというものも何でも揃っています。」

amenities of home は「テレビ、ビデオデッキ、電話、ファックス、インターネット環境」など、生活するのに必須ではないが、あれば好ましいもの。

c22 copy and distribute

コピーして配る

The assistant to the chairman of the meeting will **copy and distribute** the agenda.

「会合の議長の秘書が議題をコピーして配ります。」

勘違いしやすい盲点英単・熟語

c23 course materials
授業で使う教材

These **course materials** are for a class that introduces pre- and in-service high-school geometry teachers to the use of technology in their classrooms.

「この教材は就職前のトレーニング中の高校の先生と現職の高校の幾何学の先生に授業中の専門用語の使い方を紹介するのに向いた授業教材です。」

自家製の教材は in-house materials。ここでは introduce A to B を逆にして introduce B to A でも良い。即ち、…introduces the use of technology in their classrooms to pre- and in-service high-school geometry teachers となる。

c24 cover letter
カバーレター（添え状）

When applying for a job, you need to enclose a **cover letter** along with your resume.

「求職の際に履歴書を送るときは、必ず添え状を入れなさい。」

c25 cover unexpected contingencies
予期せぬ出来事をカバーする

We don't have much in the way of cash reserves, but we attempt to keep at least two months budgeted expenses in the reserve account in order to **cover unexpected contingencies**: a boiler breaking down, or some other emergency.

「我々は予備の現金のようなものはあまり持ち合わせていないのですが、予期せぬこと、例えば、給湯タンクが壊れたり、或いは、緊急事態が起こったと時にそれに対応できるように、少なくとも2ヶ月はなんとかもたせるためのお金は予備の口座に入れるようにしています。」

Part 2

c26 create an environment in which
~のような環境を作る

An advertising company that wants to produce really good work **creates an environment in which** its staff have the chance to show their originality.

「本当に良い作品を作ろうとしている広告会社は社員がオリジナリティを発揮できる環境を作っています。」

c27 be credited to
~に（金額など）が記入される

Interest will **be credited to** your account monthly.

「利息が月々お客様の口座に入ります。」

c28 credits
感謝を込めて（映画、演劇、番組などの）プロデューサー、ディレクター、俳優、技術者などを表示すること

Scot Moorhead is an actor whose **credits** include Mr. Eagle, Beyond Tomorrow, Breaking Away; he received an MA in Theatre Arts in 1964.

「スコット・ムーアヘッドは「ワシさん」、「明日を越えて」、「離反」に出演した俳優です。1964年に劇場芸術の分野で修士号を取っています。」

> ここの credits は常に複数形で用いられ、the names of the actors and other people responsible for a cinema or television show, which appear in a list at the beginning or end を表す。

c29 be critical to
~に対して決定的な影響がある

The appearance of the building **is critical to** the appeal this school has for prospective students.

「建物の外観がどうかということが学生がこの学校に魅力を感じるかについて決定的な影響がある。」

c30 customer testimonials

お客さんからの反応

The managing director sees **customer testimonials** as being very important for evaluating the work skills of the staff and always asks to be shown any that are received.

「経営者は消費者からの反応を職員の評価の重要な要素であると考えているので受信したものの全てを直接見たいと常にいっている。」

> customer testimonials は customer feedbacks で「お客さんからの反応」。testimonial だけだと a letter of recommendation「推薦状」、「感謝状」などの意味になることもある。…asks to be shown… は例えば、…ask the personal manager to show him… などと考えればよい。…that are received… は単数の is よりも普通だと思われる。

d1 degrees below normal

普通よりも〜度低い

Japan's average temperature was 2 **degrees below normal**, making it the coolest summer in 10 years.

「日本の今年の夏の平均気温は通常よりも2度低く、この10年間で最も温度の低い夏となっている。」

d2 be delivered by hand

〜に手で手渡される

Most organizations have shared fax machines, which means received faxes must **be delivered by hand** to the appropriate person.

「殆どの組織ではファックスの機械を共有してまいりました。しかし、そのことはつまり、こちらに来たファックスが手渡しで宛先である人のところに分配されるということです。」

類例 In this department all staff evaluations must be delivered by hand to the personnel office.

Part 2

「ここの課では職員の勤務評定はすべて手渡しで人事課に渡される。」
「学生の成績は先生本人が教務課に持って行かなければならない。」だと以下のようになる。All students' grades must be submitted in person to the administration office.

d3 departmental log/department's log

その部門における（一定のプロセスの）記録

All interviews between staff and the personnel manager should be recorded in the personnel **department's log**.

「職員と人事課長との間の正式なやり取りは全て人事部門の記録に残しておくことです。」

d4 department coordinator

部門間のまとめ役

We will have to hire a **department coordinator**, a store manager, sales staff and a cashier when we open the new store.

「例の店をオープンする際には部門間のまとめ役、店長、営業スタッフ、レジを雇わなければならなくなる。」

d5 desk clerk

ホテルのフロント係

Hotel **desk clerks** are usually the first people to greet and welcome hotel guests.

「通常はホテルのフロント係がホテルのお客様を最初にもてなす係りとなります。」

d6 despite questions regarding

〜に関する疑念にかかわらず

Years after having an affair that almost ruined their respective marriages, Jane and John are reunited when their children decide to get married **despite questions regarding** their possible kinship.

勘違いしやすい盲点英単・熟語

「自分たちのそれぞれの結婚生活をほとんど破壊してしまった浮気の後何年もしてからジェーンとジョンは子供たちとの間の親族関係に関する疑念があるにも関らず、子供達が結婚を決意する際に二人は再び一緒になる。」

are reunited 或いは、decide と現在形になっているのはドラマ（soap opera）のト書きのような感じであるから。

参考例 The new senator was embarrassed when questions about his private life appeared in the media only a month after his election.

「その新しい上院議員は選挙の僅か 1 ヵ月後に自分の私生活がメディアに暴露されたことで大恥をかいた。」

d7 detail

〜を詳述する（動詞）

Click here to download an extract from the contract **detailing** patient charges.

「患者さんに対する請求料金の詳しい内容の抜粋はここをクリックするとダウンロードされます。」

d8 determine the final result

最終結果を決定する

None of the participants in the tennis competition is in top form, each having suffered a recent injury, which could **determine the final result**.

「今回のテニスの選手権では出場選手の誰もが最高の状態ではありません。それぞれが最近怪我をしており、それが最終的な（思いがけない）結末を決定することになるでしょう。」

ここの determine the final result は influence the final result でも良い。final の部分は finalize/finally/finality にはならない。is が was であれば could の部分は could have determined となる。その場合は、思いがけない結果になった可能性があったことを暗示する。

d9 develop a reputation

評判を打ち立てる

Part 2

Established in 1822, Sheffer College has **developed a reputation** as one of the finest colleges in the nation.

「1822年に創立されたシェファーカレッジはこの国で最もすばらしい大学のひとつであるという評判を打ち立てた。」

　develop の代わりに gain でもよい。receive を使うと、方向性がおかしい。

d10　developing a dynamic approach

　　積極的なアプローチを取ること

By **developing a dynamic approach** to mail order marketing, Santon Stationery Co. soon became known throughout the country.

「通信販売でのショッピングに積極的なアプローチ（カタログを斬新的なものにする、ポイントシステムを取り入れるなど）を採用することでサントン文具社はまたたく間に国中で名が通るようになった。」

　ここの dynamic は effective、active and progressive ということ。ここの developing は前置詞の目的語になっているので develop/development/developed などとは出来ない。ここの部分が主語になっている場合も同様である。

d11　dilute

　　水で薄める

Make sure that you **dilute** the liquid fertilizer you give to pot plants according to the instructions.

「説明書にしたがって、鉢植えの植物にあげる液体肥料は必ず水で薄めてください。」

　このような場合の to はあってもなくてもよい。

d12　be directed to

　　〜に案内される

If you explain your problems to the girl at reception, you will **be directed to** the person who can best help you.

「受付の女の子に聞けば一番適切な人のところに案内してくれますよ。」

勘違いしやすい盲点英単・熟語

d13 **disappointed**
落胆して

While some people have been **disappointed** by this capstone of the trilogy, I thought it delivered on the promise of the last two movies very well, and will hold up in time.

「この3部作の最後の仕上げの作品がいまいちだと思う人もあるが、私としては今回の作品は先の2作品の約束をきちんと果たしもしたし、長い目でみれば評価されると思っている。」

deliver on the promise「約束を果たす」にも注意。hold up in time「長い目でみれば評価される」。Cf. hold up over time「長い間評価がもつ」

d14 **disappointing**
期待外れの

Sales have been **disappointing**, and the co-creator of Microsoft's game console just quit his job.

「売り上げは全く期待外れでマイクロソフトのゲーム機を一緒に開発した人物は自分の仕事をやめてしまった。」

マイクロソフトのXboxのことを言っている。これとdisappointedとを間違えないように。能動受動が問題となるときに、この単語がよく出題される。

d15 **disappointingly low**
努力したが、残念なくらい低い

As expected, January sales were **disappointingly low**, and sales got back on track only in March.

「予想した通り、1月の売り上げは努力にもかかわらず、低く、売り上げは3月になってやっと通常に戻った。」

「売り上げ」の意味の時はsalesと複数になることに注意。get back on trackは「普通の順調な状態に戻る」の意味。

Part 2

d16 discriminating person
違いのわかる人

This upscale bed & breakfast offers four exquisite suites and a gourmet breakfast for the **discriminating person** who wants to be pampered. All rooms are tastefully furnished in museum quality antiques featuring individual attractions.

「当方のハイグレードホテルは、手厚くもてなしてもらいたい人で、かつ、ものの違いがわかるような人の為にすばらしいスイートの部屋を4部屋とグルメな朝食をご用意しております。部屋には全て美術館に置いてもよいくらいの趣味の良い家具が付いており、それぞれの家具にはそれぞれ見所があります。」

d17 dispose of
〜を処理する

If you work in a store, **dispose of** confidential documents in a manner appropriate for your location.

「店で働くのであれば、そこの場所に相応しいやり方で秘密の書類を処理して下さい。」
　ここの意味では of が必要。

d18 disruption of animal habitats
動物の生息地域の破壊

Experts on the environment suggest that the ongoing **disruption of animal habitats** should give rise to great concern for future of life on our planet.

「環境問題の専門家によると昔から存在し、今も存続する動物の生息地の破壊はこの地球上の生命体の未来に対して必然的に大きな問題となる。」
　disruption of animal habitats は植物を入れて、disruption of plant and animal habitats でもよい。ここでは concern は皆にとっての心配事であるので、特に誰の concern かは明示しなくともよい。environmentalist「環境決定論者、環境保護論者、環境問題専門家」にも注意。

168

勘違いしやすい盲点英単・熟語

d19 distributors
販売業者

This is the most comprehensive up-to-date list of wholesale **distributors** on the net.
「これがネット上にある最も詳細な最新の卸売り業者のリストです。」

d20 division head
課長、科長

My supervisor agreed, but the **division head** would not sign the papers without talking to me first.
「指導教官は同意しましたが、学科長は先ず私と話をしてからでないと書類にサインしないということでした。」

d21 do business
品物の売り買いを行う

Our customers at our bank would prefer to **do business** with people, not machines or computers.
「私どもの銀行ではお客様は本当のところでは ATM などの機械を相手にするよりもカウンターで人間とやり取りをすることを望まれるのです。」

銀行の側を主語とすると We would prefer to let our customers do business with people, not machines or computers. となる。この場合 would prefer to としているのでお客さんと直接接触したいのだけれども、それが出来ない、ということを含意する。お店がお客さんとの接触を売りにするのであれば、would を取って、We (prefer to) let our customers do business with people. とすべきであろう。「機械を相手に仕事をするのではなく、人間相手に仕事をしたい。」という場合は I would prefer to work with people, not machines.

Part 2

d22 **drinks**
アルコール類

Based on your reports, we are planning to approach organizers of festivals to put pressure on them to check all **drinks** supplied.

「あなたの報告に基いて、祭りの責任者のところに行って、どのようなアルコール類を出すのかチェックしなさいと言うつもりです。」

d23 **due**
返却期限がきた、支払い義務がある

Residents may check out two books that will be due two weeks from the checkout date. If a book is turned in after the **due** date, five cents per day will be charged for each day the book is late.

「居住者の方は図書2冊を貸し出し日から2週間借りることができます。図書が返却予定日に遅れて返却された場合は遅れた日数に対して、1日につき5セントが課せられます。」

類例 According to usual practice the total cost of labor will be due upon completion of the job.

「通常の慣習としては労働にかかったすべての対価は仕事が終了したときに支払う義務が生じることになります。」

upon は「終了した時点で」という時の概念を表す。on でもよい。job は例えば、大工の仕事などを想定できる。work であれば、ペーパーワークの可能性が高い。due date というように限定形容詞となれば「支払期限の日」となる。具体的に言うには before the May 23 due date「5月23日の締め切りの前に」などという。

d24 **due to**
〜のせいで、おかげで

Due to the increase in the number of students whose basic English ability was very low, some of the teachers at ABC College lost morale and this led to quite a number of teachers' resignations.

「英語の基礎学力の低い学生が多くなったために ABC 大学の先生の中にはやる気を失う人が発生し、無視できない数の先生方の辞職にまで及んだ。」

the number of students の students は（number の前にすでに the があるので）裸のままで the は付けない。teachers' resignations は動名詞を使って teachers' resigning でもよい。

類例 Due to the recent heavy rainfalls, there are many localities where the ground is already unstable, and care needs to be taken if further rain falls.
「最近の大雨で地面がぬかるんでいるところが多く発生した。従って、更に雨が降る場合には要注意である。」

d25 duplication
重複

In an effort to reduce the **duplication** of work, he planned and put into effect a relocation in which some members of the staff were transferred to other departments.
「仕事の重なりを減らすために、彼は職員が別の部門に移る配置転換を計画し、実行した。」
duplication は重なり合う事態を指し、duplicate はコピーした紙などの複製物そのものを指す。

d26 during the day
昼の間

Once John started working from home, he found he tended to work less **during the day** and more at night when there were fewer distractions.
「ジョンは会社と契約して在宅での仕事を始めると昼の間よりもむしろ夜の方が誰にも邪魔されないので仕事がはかどる事に気が付いた。」
work from home は「会社と契約しながらも在宅で働く」の意味。work at home なら「在宅で仕事をする」。作家の仕事などがそれに当たるだろう。
ここの during the day には冠詞の the が必要なことに注意。

e1 early
早くに

Part 2

The much-anticipated release of the game, originally scheduled for today, has been delayed, most likely until **early** next month.

「ずいぶん期待された例のゲームの発売は、元々は今日予定されていたのだが、恐らく来月の初旬まで延期されることになりそうだ。」

ここの early は副詞なので前に the や a を付ける事はできない。

e2 embrace the concept of

〜という考え方を有する

The software provider Soft-Plus has **embraced the concept of** providing add-on services over and above their basic operating system, for which they can charge customers extra.

「ソフトの会社のソフトプラスは基本的な OS に加えて追加でのサービスをするというコンセプトを持っています。その追加サービスで儲けようと考えています。」

add-on「追加の」

e3 emergency equipment

防災設備（テント、毛布、医薬品、飲み水の貯蔵、火災報知器、はしごなど）

The **emergency equipment** is a one time purchase for the building's management.

「防災設備は建物を管理するのに、1度だけ買えば良いものです。」

emergency equipment は通常 fire equipment「特に火災に関する防災設備（消火器、ホース、火災報知器など）」を含む。

e4 emphasize A over B

B よりも A を強調する

This English class will **emphasize** listening and speaking **over** reading and writing since most students are studying in order to be able to make friends with English residents of the area.

「この英語のクラスは読み書きよりも聞く話すを重要視しています。ほとんどの学生はこの地域の英語を話す住民と仲良くなるために英語を勉強しているのです。」

勘違いしやすい盲点英単・熟語

e5 emphatic about
～について強い思いがある

The CEO was very **emphatic about** the need to encourage employees to take early retirement.

「最高責任者は社員に早期退職を促す必要性を強く感じていた。」

e6 energy and utilities securities
エネルギー株と公共料金株

He traded **energy and utilities securities** and made a lot of money.

「彼はエネルギー株と公共料金株をやり取りして大いに儲けた。」

株の売り買いに trade を用いていることにも注意。energy securities「エネルギー株（石油株、石炭株など）」、utilities securities「公共料金株（電気株、ガス株、水道株、原子力株など）」、Cf. utilities companies「公共料金会社（電気会社、ガス会社、水道会社、原子力発電所（nuclear power plant）など）」。

e7 entries
（コンペの）作品、記事など

All **entries** in the art competition must be accompanied by an official entry form.

「本芸術祭の作品の申し込みには必ず決められた申し込み用紙に記入をお願いします。」
　この場合のこの単語は「申し込み」ではなく「（コンペの）作品、記事」。

e8 establish a brand name
ブランドを確立する

Establishing a brand name mainly has to do with establishing a loyal customer base.

「ブランドネームを確立することは主にそのブランド品が出たときに確実に買ってくれる

Part 2

ファンを一定数しっかりとつかむことにつながる。」
　loyal はそのブランドを愛用し、品物が出るたびに確実に買ってくれる様子を表している。base は言わば、group of people で一定数の人が集まった基盤を指す。

e9　establish a niche

自分の得意なところを作る

The insurance company has embarked on a concerted drive to build capacity in order to **establish a niche** in the market.

「その保険会社は市場で自分の得意分野を作るべく会社の能力を上げるために全員で力を合わせてことにあたる計画を始めた。」

　drive（to do）「(〜しようとする) グループの運動」

e10　eventually

遂に、最終的に

The basketball team **eventually** won recognition from all the people in the area, but it was too late to draw the attention of the team's administrative board.

「バスケットボール部は遂にそこの地域の人全員に知られるようになったが、部の経営者達の注意を引くのが遅すぎた。」

e11　ever

いつか、いつの日にか

I really wonder under these circumstances and with his level of management how this project will **ever** be completed.

「この状況で、しかも彼のマネージメント能力で、どうやってこのプロジェクトが最後までうまくいく可能性があるのだろうか。」

勘違いしやすい盲点英単・熟語

e12 exercise [use] extreme caution
極めて警戒する

Exercise extreme caution when crossing that intersection because even though there is a lot of traffic, there are no traffic lights.

「その交差点をわたる時はできるだけ注意しなさい。そこは交通量が多いのに、信号が設置されていませんから。」

e13 expect good service from
〜に良いサービスを期待する

New staff in Togakure Restaurant are always made to understand that guests **expect good service from** them and that that is what they must provide at all times.

「トガクレレストランの新しいスタッフが教訓として常に植え付けられるのはお客さんは良いサービスを期待するものであるし、それこそがレストラン側が常に提供しなければならないものでもあるということだ。」

英語では起点表現の from だが、日本語では着点表現の「に」となっていることにも注意。

e14 extensive dinner menu
幅広いディナーのメニュー

The package includes lodging, a guided tour of the city and dinner at a restaurant with an **extensive dinner menu**.

「そのパッケージには宿泊とガイド付の市内観光、幅広い食べ物が注文できるレストランでの夕食が付いてきます。」

f1 far from (being)
〜とは全く違って

part 2

Part 2

Far from being a mere sales ploy, the company's advertising material actually increased peoples' awareness of health issues.

「最初は単なる商売上の作戦だったのだろうが、その会社の宣伝パンフは実際に世間の人の健康に対する意識を高めた。」

f2 be fascinated to learn

〜を知って嬉しくなる

On their visit to the museum the children **were fascinated to learn** that the very area they were now living in was once populated by very large and fierce-looking dinosaurs.

「博物館に行って、子供たちは正に今自分たちが住んでいるところにその昔、体の大きい、恐ろしい顔をしていた恐竜たちがうようよいたということが判って嬉しくなった。」

were living と過去形になっていても意味は「今住んでいる」と考えられる。

f3 favorable

（どちらかというと）望ましい、好ましい

The new assistant manager has created a very **favorable** impression and is expected to be promoted to manager when the present manager retires at the end of next year.

「こんどのアシスタントマネージャーはとても評判が良いので、今のマネージャーが来年末に引退するのに伴って、新たに、マネージャーに昇格するものと期待されている。」

favorite と間違えないように。

f4 favorite

１番お気に入りの

The editors of the university's 'Arts Newsletter' invites all students to turn in their **favorite** poems, along with a short paragraph describing the reasons for choosing it.

「大学のアートニュースレターの編集部は全学生に対して１番のお気に入りの詩をそれを選んだ理由を添えて提出するように誘いをかけた。」

favorable と間違えないように。

勘違いしやすい盲点英単・熟語

f5 fewer listeners
より少数のリスナー

Fewer listeners means less advertising revenue, so commercial stations must constantly take listeners' preferences into account when planning programming.

「リスナーが少ないとそれだけ入ってくる広告収入も減る。よって、民放の局は番組制作に際してはリスナーの好みを精査しなくてはいけない。」

ここで fewer の代わりに lesser は使用不可。

f6 fewer repairs
より少ない修理項目

If you purchase electrical appliances from a well-known domestic manufacturer, they will probably require **fewer repairs** and last longer.

「電化製品は有名な国内のメーカーで買えば、故障も少ないし、長持ちするよ。」

few は a few となると a が要るが、fewer となると a は付けられない。これは結構狙われる。

f7 file a claim
賠償請求の書類をとじ込む→（賠償請求を求めて）クレームを出す

This morning Mr. Connell filed a claim with the airline company to obtain a full refund for the lost baggage.

「今朝、コネル氏は荷物がなくなったということで、お金を返金してもらうために航空会社にクレームを出した。」

put in a claim も可能。put out a claim はだめ。put in は put in bids for「〜に入札する」の形式も覚える必要あり。

f8 file a proper incident report
正しい事故の報告を正式に提出する

Part 2

If the policeman who is called out to a fight does not **file a proper incident report**, it may be difficult to follow the matter up later.

「もし喧嘩している人のところに呼ばれた警察官がきっちり事故の報告をしないとなると後で事件を追っかけるのが難しくなる可能性がある。」

f9 find oneself doing
気が付かないうちにいつの間にか〜している

We **found ourselves sorting** through a great stack of papers looking for a duplicate of a university brochure.

「結局私たちは最終手段として紙の大きな山を探して、大学のパンフを１部探す羽目になった。」

f10 the finished architectural plan
最終的な建築の計画

The finished architectural plan pushed the final cost of the building over the company's provisional budget, but the directors liked it so much they accepted it as it was.

「（色々話し合った結果出た）最終的な建築計画では建築の最終的費用が会社の予定していた暫定予算をオーバーしてしまったが理事側がその計画を非常に気に入ったので当初の通り計画を受け入れた。」

　　finished の部分は finishing や finish とは出来ない。

f11 fly in
（例えば、町の近くに飛行場があるという意味で、町の）かなり中まで飛行機で入る

It would be convenient if you could **fly in** to the international airport from domestic airports around the country.

「国内のあちこちにある国内線を使って国際線の空港まで入り込んで行ければ便利なのに。」

　　国内線と国際線の接続が出来ていない国際線のみの空港があればこのように言えるだろう。例えば、もし成田が国際線専用で国内線がなければこのように言及されても可笑しくはない。実際に問い合わせたところでは成田は国内線も若干あるそうだ。

勘違いしやすい盲点英単・熟語

f12 for the last three years
最近 3 年間

Tom Hardy has been working at head office in New York **for the last three years**, but soon he'll be taking over one of the branch offices.
「トム・ハーディーはこの 3 年、本社で働いてきましたが、もう間もなく、ある支社の支配人になる予定です。」
　take over はここでは a branch manager になるということ。

f13 for the second consecutive month
2ヶ月連続で

Bookstore sales fell **for the second consecutive month** in March with sales declining 4.5 % to $1.11 billion.
「本屋の売り上げが 2 月、3 月と 2ヶ月連続で落ちた。結果、3 月の売り上げが 2 月より 4.5％落ちて、11 億 1 千万ドルの売り上げとなった。」

f14 frequently called numbers
よく使う電話番号

Frequently called numbers can be entered inside the front cover of the memo pad for easy reference.
「よく使う電話番号は簡単に見ることができるようにメモ帳の表紙の内側に記載しておくとよい。」
　can be entered は can be noted でも近い意味となる。can be entered は「（空欄に）記入する」、can be noted は「メモする」。for easy reference「すぐ見れるように」も注意。

f15 fuel consumption
燃料の消費、燃費

Part 2

Reducing **fuel consumption** is an important factor in such business area as the commercial truck market.

「積荷を運ぶトラック業界のようなビジネスの世界ではガソリンの消費を抑えることは重要です。」

この文の場合は reducing fuel consumption 全体で fuel efficiency「燃費」とほぼ同じ意味になる。

---

f16 fuel economy

燃料の節約、燃費

The metropolitan areas in that country have a severe set of guidelines for **fuel economy** in vehicles.

「その国の大都市圏は車両の燃費効率に関して厳しいガイドラインがある。」

---

g1 gain the confidence of clients

顧客の信用を得る

You should take it into consideration that **gaining the confidence of clients** is the essence of any sales job.

「どんなものを売るにせよ販売に関しては顧客の信頼を勝ち得ることが一番肝心であると肝に銘じなさい。」

confidence はこの文では「自信」の意味ではない。the essence of は形容詞であれば essential in となる。他の言い方にパラフレーズすれば、the most critical part of などとなる。

---

g2 gauge the reaction of consumers

消費者の反応をみる

The new cleaning products were put on sale in several major supermarket chains in the state in order to **gauge the reaction of consumers**.

「その今度の新しい清掃用品は消費者の反応を測る目的でこの州の主だったスーパーのチェーンで売りに出された。」

put on sale は「売りにだされる」で「バーゲンで売りに出される」ではない。on sale

だけだと「特売で」となる。通常 put for sale とはならない。ここの put on sale を別の言葉でパラフレーズすると marketed となる。gauge は「計量ざお」の意味から動詞では「計る」という意味になった。名詞では銃の口径の意味で使うことがある。例えば 22 gauge というとそれだけで 22 ゲージのライフルを指すことがある。昔、22 ゲージと 36 ゲージのライフルとショットガンをペンシルベニア州でぶっ放したことがある（ここだけの秘密だが）。

g3 give O one's immediate attention

あるもの（O）に自分の即座の注意をあたえる → O に関してすぐにやる意識をもつ

I'd appreciate it if you could **give** this matter **your immediate attention**.

「早くやっていただけるとありがたいのですが。」

require one's immediate attention「急を要する」などと言うこともある。for your immediate attention「あなたがすぐに行動できるように」というのも辞書には載っていないが重要な言い回し。

g4 good value for (the) money

お値打ち品です、そのお金に十分見合った価値がある

Good Man power tools combine durability and affordability and are therefore **good value for the money**.

「グッドマンの電動工具は丈夫さとお買い求めやすさの両方をあわせ持っています。ですから、本当のお値打ち品です。」

durability は他の英語では robustness や endurance などとなろう。combine は前置詞の with を使って次のようになることもよくある。Combine robustness and endurance with ease of use「丈夫でしかも使い勝手がよい」。

g5 go through a security check

ボディーチェックを受ける

With no exceptions all visitors must **go through a security check** before entering the nuclear power plant.

「ここに来た人は全員、原子力施設に入る前には必ずボディーチェックを受けてもらいます。例外はありません。」

check のところには means、mark、view は入らない。

Part 2

g6 guarantee something/someone to be the most efficient
何か、誰かが1番効率が良くて使える、と保証する

Clausen's Cleaning Service **guarantees** their workers **to be the most efficient** in town and promises to clean your whole house over again if you are not completely satisfied.

「クラウセンクリーニングサービスは当社員が街で1番使える社員であることを保障いたします。もし、万が一お客様が満足なさらない時は1番初めから掃除を全部やり直します。」

efficient は3音節の長い単語なので more、most を使って比較級、最上級を表す。ここの最上級は形容詞の最上級なので、the が必要なことに注意。

h1 have a charge of
〜の金額を請求されている

I **have a charge of** $95.40 on my credit card account for the month of June for the books I ordered from a Website in May.

「5月にウェブで注文した本のお金が6月のクレジットカードの支払いとして95ドル40セント請求されている。」

h2 have confidence that
〜の自信がある

Companies must think about the way software is designed to **have confidence that** their mission-critical applications are protected.

「会社は非常に大切なアプリケーションはきちんと保護されるようにソフトウェアーをデザインしなければならない。」

have confident that にはならないことに注意。

h3 have a post-holiday sale on
〜に関して祝日後のセールをやる

New products just keep rolling in. To make room for them we will be **having a post-holiday sale on** select items. (Stickers, paper, scissors, templates, punches and more!)

「新しい製品がどんどん入ってきてます。その製品のスペースを確保するために選り抜きの品物の祝日後セールをやります。（ステッカー、ポスター、鋏、型取り工具、穴あけ器、その他たくさんあるよ。）」

h4　have a profound influence on

〜に対して強い影響力を持つ

Although he retired from the political party over 7 years ago, John Stoltzfus still **has a profound influence on** the party's crucial decisions and long-range planning.

「もう7年以上の前に政党から引退したが、ジョン・ストルツフスは未だに党の重要な決定や長期計画に対して大きな影響力を保持している。」

英語では profound「深い」だが、日本語では「強い、大きい」などになることに注意。

h5　heavy demand for

〜に対する大きな需要

Cocajo bottles are the most collected of all of the commemorative soda bottles. Because of the **heavy demand fo**r Cocajo commemorative bottles, the value placed on them is surprisingly high.

「コケージョのビンは歴史的なソーダビンの中でも世界で1番コレクターが多いビンです。コケージョのビンを欲しがる人は非常に多いので、ビンにはとてつもない値段がつきます。」

コレクターがいるために本来価値のないものに異常な値がつくことを表しえる単語として volatile「値が乱高下する」がある。

h6　help

手助けとなる人

The editorial board of the company decided that they must either hire some temporary **help** or postpone the publication of the journal.

Part 2

「会社の編集部は臨時の職員を数名雇うか、そうでなければ雑誌の出版延期かの選択を迫られると結論づけた。」

他の単語で言い換えれば、assistants、staff、staff members などとなる。

h7 high-rise

高い建物（4、5階建てくらいの建物にも使う事がある）

XYZ Building is the city's first reinforced concrete **high-rise** office building.

「XYZビルはこの町では最初に鉄筋コンクリートを使用した高層建築の会社ビルである。」

h8 hold something (such as party) for someone

誰それのためにパーティーなどを催す

In recognition of the valuable contributions of the veteran teachers and staff, the school will **hold** a farewell banquet **for** them at the end of the year.

「長きにわたり多大な貢献していただいた先生と職員の方々を顕彰して、学校が年の終わりに惜別会を催します。」

この場合は for を使い to にはならない。このような前置詞の部分をあえて問題とすることも多い。in recognition of「～を顕彰して」も重要。

h9 household appliances

家電

Over the years the increase in the number of women running homes while holding down full-time jobs brought about a commensurate increase in the demand for easy-to-use time-saving **household appliances**.

「ここ数年家事と仕事の両方をこなす女性が増えたことで、使いやすい、時間の節約になる家電製品の需要もそれに応じて増した。」

run homes「家のことを全般にやる」、hold down「1つの仕事を頑張って続ける」、厳密に書かれない場合は同じ内容を例えば、以下のようにすることもある。The number of women running home and doing full-time jobs has increased the demand for time-saving household appliances.

勘違いしやすい盲点英単・熟語

h10　be in attendance at
～に出席して

Delegates from two nations declared that they will not **be in attendance at** the meeting on matters concerning nuclear weapons.
「二カ国の代表が核兵器問題について話し合う会議に出席しないことを発表した。」

h11　have included six-month and eight-month earnings projections
6ヶ月と8ヶ月の儲けの見通しを持つ

We **have included six-month and eight-month earnings projections**, so you can judge how we expect sales to grow.
「当社では6ヶ月と8ヶ月の儲けの見通しを立てています。従いまして手前どもの売り上げの伸びの予想をお知らせすることが出来ます。」
ここの include を reserve には出来ない。

i1　in consultation with
～と相談して

Three graduate courses in Japanese literature must be selected **in consultation with** the director of graduate studies.
「日本文学の分野では3つの大学院コースを大学院の学科長と相談して選択しなければならない。」
ここの consultation は consultant とはならない。

i2　increase dramatically/rapidly
劇的に / 急激に上がる

Many newly employed university graduates are finding that their working conditions do not satisfy them and it is expected that the

Part 2

number of young people resigning their jobs after only a short time will **increase dramatically**.

「大卒の新入社員の多くは自分の労働環境が良くないと感じているので、入社してから程なくやめていく若者の数が劇的に増加すると思われる。」

i3 increase of x percent

X パーセントの増加

L-Mart still expects second-quarter same-store sales to be at the high end of an expected **increase of 7 percent to 10 percent**.

「エルマートはそれでも第 2 期の 3 ヶ月間の同一店舗での売り上げが、予想される 7 パーセントから 10 パーセントの売り上げのうちで限りなく 10 パーセントに近い数字になると予期している。」

ここの of は in とはならない。

i4 in an effort to

～しようとする努力の一環として

In an effort to increase the number of really talented staff in the design department, Modern Furniture Design Co. has decided to advertise in Europe this year

「デザイン部門に真に才能のある人をもっと入れるために、モダンファーニチャーデザインは今年はヨーロッパで宣伝活動をすることに決めた。」

ほとんど同じ例がセクション 1 にあるが、ここでは冠詞に気を付けるべき例として出した。

参考例 make an effort 「非常に努力する」
You should make an effort to include everyone in the process.
「みんなに参加させるように努力したらいいのに。」

i5 informational packet

インフォメーションセット

勘違いしやすい盲点英単・熟語

The steering committee will distribute an **informational packet** that allows students to take full advantage of the opportunities made available by the new organization.

「運営委員会はインフォメーションセットを学生に配る予定です。受け取った学生は新しい組織が打ち立てたチャンスをフルに利用できます。」

i6 in a line of
〜の一連のものの中で

Wearing the latest mobile phone **in a line of** personal wear gadgets gives unspoken signage about a person's style.

「個人が身に着ける品物の1連のものの中で、最新の携帯電話を身につける人は、そのことでその人の生活のスタイルを全て暗黙のうちに語ることになる。」

i7 in observance of
〜を祝って

In observance of the upcoming national holiday, all schools in this area will be closed on Monday.

「今度の祝日を祝い、来週の月曜日はこの地域の学校はすべて休校となります。」

i8 instructional materials
自習用の教材、人に指示を与えてくれる教材

The **instructional materials** will be made available to all faculty members on DVDs.

「自習用の教材はDVDの形ですべての職員が利用できるようになります。」

　ここのinstructionalの代わりにinstruct、instructedを使うことはできない。instructionも普通使わない。自習用のビデオならば次の見出し語のようにinstructional videoとすればよい。

Part 2

i9 ☐ instructional videos
インストラクションビデオ

One way to help you master karate techniques is to watch **instructional videos**, but it is essential to study under a good master, too.
「空手の技術を学ぶのにインストラクションビデオを使うことは手助けにはなるけれども、実際に師範について学ぶことも絶対に必要です。」

i10 ☐ interested parties
利害関係者

On behalf of the **interested parties**, a meeting to discuss the school's redevelopment plans will be arranged.
「利害関係者のために学校の発展プランを論議する会が開かれます。」

i11 ☐ internal job announcements
社内向けの仕事に関する告知

A job may be posted internally or externally. **Internal job announcements** are open only to current employees. External job announcements are open to all qualified applicants.
「仕事に関する告知は社内向けにも社外向けにもなされます。社内向けの仕事に関する告知は現在の社員に対してのみ行われます。社外向けの告知はすべての能力の有る人に対して行われます。」

i12 ☐ internal review
内部の審査

The plan for an **internal review** of applications for grants prior to submitting them to external agencies is aimed to increase success rates.
「外部の機関に助成金の申し込みを出す前に内部で審査するのは承認の可能性を上げるためです。」

勘違いしやすい盲点英単・熟語

i13 interview
面接する（動詞）

Thank you for **interviewing** with me for the position of accountant in our company today.

「本日は当社の会計士の職に応募する一環として面接に来てくださり、ありがとうございました。」

面接した人の立場から書かれている文である。面接された人から書かれた文であれば interviewing with me でなく、interviewing me となる。interview が動詞として使われていることに注意。

i14 be in use
使用されている

Stock up now and you'll never be caught short on seating again. When this stylish chrome framed chair **is** not **in use**, it stacks conveniently in a corner or closet up to 10 chairs high. Seat and back are covered in vinyl. No assembly required.

「今すぐに仕入れて下さい。そうすればもう椅子が足りないなんて事は起こりません。このかっこいいクロム合金でメッキした椅子は、使わない時は部屋の隅や押入れに10段までは重ねて積み上げることができます。座るところと背もたれははビニールカバーが付いています。面倒な組み立ても必要ありません。」

be caught short on「〜が不足する」にも注意。

i15 in view of
〜を考慮すると

In view of the results of the latest study there is a need to continue to work on educational reform in certain areas.

「最新の研究結果を考えると、特定の地域では教育改革を更に進めていく必要がある。」

Part 2

i16 it will be the first time in 時間
〜振りに〜となるだろう

If the Red Dogs don't win the game tonight, **it will be the first time in** 10 years that an out of State team has won the championship.

「レッドドックスが今晩の試合で負けると、10 年振りにアメリカ外のチームが優勝をさらうことになる。」

j1 just as well as, if not better than,
〜より多くはないかもしれないが、同じくらいは

The chief manager of Fuji Deli reported that here in this area green tea sells **just as well as, if not better than**, regular English tea.

フジデリの店長が言うにはこの地域では紅茶の売り上げと匹敵するくらいに緑茶がよくでるということだった。

> この sell の形式（something sells well）は中間構文という構文で、主語の性質を述べる形式である。通常、主語＋動詞＋副詞句、となる。形式は能動態の形だが、意味は受動的な意味になる。以下の特徴を有する。1. 動作主を明示できない。2. 付加的なことは（たいてい副詞）が義務的に生じること。3. 単純現在形でのみ用いられること。4. 用いられる動詞の数が少ないこと（例：Green tea sells well. はよいが、Green tea buys well. とはできない）。5. 主語は基本的に人間が作成した人工物であること。6. 実際に使用される文の多くは広告や宣伝、あるいはそのようなイメージをもった文として用いられること。

k1 keynote
主音、主要な

The **keynote** speaker should have kept political ideology out of his speech.

「基調演説者は政治的な話を入れるべきではなかった。」

勘違いしやすい盲点英単・熟語

k2 keypad

キーパッド（大抵、0から9までの数字が付いているプッシュボタンの集合体）

To gain access to the building, you must enter your personal code number by pressing the digits of the code number on the **keypad** in the correct order.

「そのビルに入るには正しい順番でキーパッドのコード番号の数字を押して、自分の個人番号を入れなければなりません。」

k3 know what to spend on

何にどれくらいを使うかを知ること

One of the difficulties students living away from home have is **knowing** what to set aside for food and other necessities and **what to spend on** luxuries and entertainment.

「田舎を離れて1人暮らしをしている学生が経験する問題のひとつは食べ物とその他の生活必需品にどのくらいのお金を残しておいて、生活に取り敢えずは無くてもいいものと遊び用にどのくらい残しておくかがきっちり判るかどうかと言うことである。」

　ここの what は how much と考えてもよい。how much とパラフレーズした方がよりはっきりする。luxuries はレンタルビデオなど生活にどうしてもなくてはならないものではないもの一般を指すと考えればよい。

l1 labor

作業（の質）

We are looking for experienced workers, the quality of whose **labor** will meet our exacting standards.

「我々は立派な熟練工を探しています。技術的に我々が要求する厳しい水準に達していることが望まれますが。」

　ここの workers は craftsmen、labor は workmanship と言ってもよい。この labor は guarantee the quality of labor「人の作業の質を保証する」などのように言うこともある。

Part 2

12 ☐ leave for the day
（その日にやることを終えて）家に帰る

Under the supervision of Dr. Susan Yamamoto, teachers in five classrooms had children wash their hands on arrival, before lunch, after recess, and before **leaving for the day**.

「スーザン山本博士の指導の下に 5 クラスの先生達が、子どもたちに到着した時、お昼の前、休憩時間の後、家に帰る前、に手を洗わせた。」

比較的よく出題される。

13 ☐ light refreshments
ナイフ、フォークの類を使わないサンドイッチやクッキーなどの軽い食事類（飲み物を含めて考えても良い）

After Mr. Sube's talk, **light refreshments** will be served and there will be time to ask questions.

「須部先生のお話の後軽食が出されます。その時に質問の時間も設けます。」

14 ☐ local entertainment
地域の催し物

A lot of information on **local entertainment** has been incorporated into the city's restaurant guide.

「地域の催し物の情報の多くが市のレストランガイドの中に載っています。」

local entertainment はバンドの演奏、朝市、花火、大道芸、祭りなどが考えられるが、local attraction という場合の方が適切な場合もある。

15 ☐ locals' advice
現地の人の意見

One way to live cheaply in Japan is to get **locals' advice** on the most economical places to eat in your area.

勘違いしやすい盲点英単・熟語

「日本で安く暮らす1つのやり方は自分が住んでいるところにいる人に安く食べられるところを聞くことである。」

ここの economical は economic にできない。

類例 In order to find good, inexpensive restaurants in a town you don't know, it's best to get the locals' advice.

「知らないところで安くてうまいレストランの情報を得るには現地の人に聞くに限る。」

---

16 locate
見つける

The owner of the car left in the parking lot cannot be **located**, so it will have to be towed away.

「駐車場の車の持ち主が見つからなかったので牽引することになります。」

この文は統語的（形式的）には it は the owner を指すことになってしまうが、意味的には勿論 the car を指し、それが常識的に正しい判断となる。このことから分かることは文は解釈は形式よりも意味や文脈や常識が大事であると言うことである。

類例 The airline is unable to locate a passenger's baggage.

「その航空会社は乗客の荷物を見つけることが出来ないでいる。」

---

17 be located in
〜に位置する

Top Computers has announced that their new outlet will **be located** right **in** the city center and that they plan to keep it well-staffed in the middle of the day and after five to cater for customers from nearby offices.

「トップコンピューターズは今度の新しい支店は町のど真ん中でお昼の忙しい時間帯は店員を増員し、5時以降は近隣のオフィスの従業員向けに商品とサービスを提供することをご報告します。」

---

18 look to do
〜しようとする

Part 2

Many inspiring young businessmen are always **looking to** move up the ladder, no matter at what cost to their own moral integrity or their loyalty to their company.

「やる気が充満した若い会社員の多くはいつも出世の階段を上ってやろうと虎視眈々と狙っている。たとえ、どれだけモラルに反しようとも、たとえ、どんなに自分の会社の忠誠心を失おうとも。」

> no matter 以下をSVの構造にすれば、no matter what the cost may be to their own moral integrity or their loyalty to their company のようになろう。更に、別の文でパラフレーズすれば、even if they sacrifice their own moral integrity などとなろう。

I9 look to 人、場所 for 物
物を求めて人、場所に頼る

Some companies **look to** Weaver & White **for** guidance in the area of quality control, especially in the absence of any additional resources for gaining advice.

「品質管理の分野で指導してもらうために、他にアドバイスを受けることができるところがないので、ウィーバーアンドホワイト社に頼る会社もある。」

> look to の部分は for と相関的に用いられている。look と類似の表現 watch、see、perceive などは用いることができない。additional は other と置き換えることができる。

I10 a low-light image
暗いところで写真を撮る時の写真の出来上がり

A low-light image photo is hard to take successfully unless a tripod is used to prevent the distortion of the image that occurs if the camera moves while the shutter is open.

「暗いところでの写真はうまく撮るのが難しい。絞りが開いている時にカメラが動くと、像の歪みが生じるが、その歪みを防ぐのには三脚を使う必要がある。」

m1 make another selection
別のものを選ぶ

勘違いしやすい盲点英単・熟語

The page you are trying to reach may no longer be available. Please return to our homepage and **make another selection**.

「今行こうとしているページは既に削除されている可能性があります。一旦ホームページに戻り、別のメニューを選択してください。」

m2 make up the difference

必要なレベルまで量や数を完全なものにする、差を埋める

The committee in charge of planning the company's Christmas party omitted to include the cost of the Christmas tree in their calculations. As a consequence the total cost of the party exceeded their budget and those attending had to be asked to contribute a small sum of money in order to **make up the difference**.

「会社のクリスマスパーティーの計画担当の部署は見積もりの中でクリスマスツリーの購入費用を含めることを忘れていた。(そして当初認められていた予算以上に金が掛かったので)結果、パーティー費用は予算をオーバーし、出席者はその差を埋めるのに幾許かの負担を求められた。」

omitted to は forgot to と言い換えられる。

m3 make service calls

呼ばれて修理などに行く

Walters Computer Sales guarantees to **make service calls** within two hours of being contacted if the call is received before 5 p.m.

「ウォルタースコンピューターセールスでは夕方の5時前に電話を頂ければ2時間以内には必ず修理にお伺いします。」

意味を考えれば of のところに after を入れたくなるが of の方が普通。

類例 When security service guards make their calls/rounds, they must insert an authorization card before entering the premises.

「警備会社の人が呼ばれて行く時には(calls)/見回りをする時には(rounds)構内に立ち入る前に決められたカードを差し込まなければなりません。」

195

Part 2

m4 malfunction
うまく作動しない

What do I do if my product **malfunctions** even if I follow the instructions exactly?

「指示通りに正確にやっても、製品がうまく作動しない場合はどうすればいいのですか。」

m5 management
経営者（側）

The organizers have obtained special conference rates from the **management** of the Komada Hotel.

「主催者はコマダホテルの経営者から特別の会議割引を獲得した。」

類例 The management of the company focuses more on avoiding problems rather than handling crises.

「会社の経営陣はすでに発生した危機をなんとかしようと考えるよりも、危機につながる問題を避けることに注意を向けている。」

ここの ing 形は現在分詞ではなく動名詞と考えるべき。複合語として problem avoiding や crisis handling を想定することができる。

m6 maps are displayed throughout
〜中に地図が掲示してある

In order to make it easier for tourists to find their way around, **maps are displayed throughout** the central city area at all major intersections.

「ツアー客がどこに行けば良いのか分り易くするために街の中心部の大きな十字路には全て地図が掲示されています。」

地図はここでは display されるもので written/demonstrated などとはならない。落書きとして地図が書かれているのなら written で良いのかもしれない。

勘違いしやすい盲点英単・熟語

m7 mark down
値段を下げる

Hansen's annual sale is eagerly awaited by the store's customers because prices are **marked down** by at least 30 % and sometimes as much as 80 %.

「ハンセンの年に１度のバーゲンはお客さんの楽しみです。最低でも 30 パーセント引きで、ものによっては 80 パーセント引きのものまであるのですから。」

m8 materialize
実現する

Garbage sorting is a fine example of a joint and collective effort that would not have **materialized** if not for support from the community.

「ゴミの分別はみんなで努力する活動のよい例であり、地域の協力なしには実現はしなかった。」

m9 measure
ものさし、基準

The figures which have just been released are a **measure** of how well the company's products are now doing in the market and how well it has recovered from last year's setbacks.

「つい最近発表された数字はこの会社の製品が現在のところどのくらい市場で受け入れられているのか、はたまた、どのくらい昨年の落ち込みから回復しているのかを計るものさしになる。」

release の主語には reports もよく来る。recover from の次には difficulties なども来る。

m10 meet the deadline
締め切りに間に合わせる

Part 2

There were so many unexpected delays in the construction of the new office building that the company began to doubt whether the contractor would **meet the deadline**.

「新しい会社の建物を建てるのに予想以上の遅れが色々出たために、会社の側も契約した建築会社が本当に締め切りを守るのかどうか疑いを持ち始めた。」

決められた締め切りに間に合わせる、というのであれば別の見出し語のように meet the scheduled deadline となる。

m11 meet the scheduled deadline
決められた締め切りに間に合わせる

If your manuscript does not **meet the scheduled deadline**, it will not be published in this month's issue of our magazine.

「原稿が締め切りに間に合わなければ雑誌の今月号には載らないですよ。」

m12 memorable
忘れられない

I stopped at three beaches on the way back to town, and the beauty of each beach was more **memorable** than the one before.

「町に戻る途中、3つばかし海岸に立ち寄った。どの海岸も立ち寄るたびに前に立ち寄った海岸よりもより美しいと感じざるを得なかった。」

m13 merchant code
商売をやっている自分の会社に専用に割り当てられた登録番号

Each item handled by Fast Handle will have your **merchant code** recorded on it if you register with us, so then if you experience any problems, such as late delivery or damage, you should have your code to hand when you contact us and we can check the status of your item immediately.

「ファーストハンドルが扱っている品物のひとつひとつには、もしうちと取引がある場合にはその会社専用の登録番号が付いています。ですから、遅配、欠損などの被害が出た場合に

勘違いしやすい盲点英単・熟語

は、うちに連絡する時にいつでもその登録番号をすぐに言えるように手元に用意しておいてください。商品がどこにあるかをすぐに調べます。」

ここの status は商品のありかのこと。

m14 minutes

議事録

After the meeting the organizers will have their assistant type up the **minutes** and then send copies to all those who attended.

「会議の後、まとめ役が秘書に議事録を清書させて、そのコピーを出席者した人全員に送付します。」

「議事録を取る」を keep minutes という。type up は文字通りタイプを打つというよりはコンピューターで文を打ち出すという意味。

m15 most larger publications

大掛かりな出版物のほとんど

Some small publications are still produced using old fashioned printing methods, but **most larger publications** involve the use of sophisticated computer technology.

「出版物の規模が小さい場合は、未だに古いやり方で印刷していることもあるが、大掛かりに印刷する場合は、大抵コンピューターの技術を利用している。」

ここには the を付ける事が出来ないし、publication は複数にする必要がある。

m16 most of the participants

参加者のほぼ全員

Most of the participants in the seminar do not speak Italian, so simultaneous interpretation into English and French will be available.

「セミナーの参加者の大半はイタリア語が出来ないので、英語とフランス語の同時通訳を行います。」

この場合最初に the をつけて the most of the participants とは出来ない。この様な極単純な冠詞の問題も良く出るので注意が必要。

Part 2

m17 mount pressure on
～にプレッシャーをかける

Supervisors are **mounting pressure on** employees to be more productive in order to keep the company afloat.

「上司は会社に余裕をもたせるべく、部下の生産性を上げるためにプレッシャーをかけている。」

この場合の mount は「載せる」ということで他動詞だが、mounting pressure from the press「プレスからの益々のプレッシャー」というときは「増す」という自動詞。

m18 must notify one's immediate supervisors
自分の直属の上司に伝えなければならない

Staff **must notify their immediate supervisors** by filling in the appropriate form when their computer requires servicing.

「職員はコンピューターの整備が必要な時には決められた書式に従って書類を作成し、直属の上司に伝えなければならない。」

notify は伝えるべき人を目的語に取り、announce は伝えるべき情報を目的語に取る。by filling in はここでは on と書き換えることも出来るだろう。修理が必要なときに、ということであれば require repairs/repairing とすればよい。

n1 narrowly miss
ぎりぎりのところで逃す

Tom **narrowly missed** the deadline for applying for funds for his research project and had to delay starting work on it for one year.

「トムは自分の研究計画の補助金の申請をするのにぎりぎりのところで間に合わなかったので、研究のスタートを1年遅らせる破目になった。」

n2 natural setting
自然環境

勘違いしやすい盲点英単・熟語

This trail allows for a variety of recreational activities, including hiking, camping, and horseback riding in addition to the enjoyment of the beauty of its **natural setting**.

「この山道付近では素晴しい自然の美しさに加えて、ハイキング、キャンピング、乗馬などの様々なリクリエーションが可能です。」

n3 near
接近する

Experts do not expect reserves of fossil fuels to be **nearing** exhaustion by 2030, or for some time thereafter.

「専門家の意見では化石燃料の埋蔵量は 2030 年、もしくはその後しばらくの間までに枯渇するという事態に近づくことはないことになっている。」

n4 nearly fifty percent of
〜の 50 パーセント近くは

Nearly fifty percent of the people polled said they had not felt as financially secure in 2009 as they had in 2008.

「調査した人の 50 パーセント近くが 2008 年に比べて 2009 年は経済的にもっと不安であったと述べた。」

> almost も可能だが、この場合 nearly の方が almost よりも普通。何パーセントというときは percent を使い、percentage は使わない。

n5 next
次の

Smithsons Manufacturing Co. has asked us to delay delivery of the **next** parts order because they have got behind in their production schedule.

「スミスソンズ工業株式会社は生産計画が遅れていることを理由に私たちに次の部品の注文品の配送を遅らせるようにと頼んできた。」

> us は子会社と考えればよい。ここの next には the が要るということがこの文の肝心なところである。

Part 2

01 obtain permission from
～に許可を得る

Employees wishing to use their company computer to send digital photos must first **obtain permission from** the computer system servicing staff.

「デジカメで撮った写真を会社のコンピューターで送りたい従業員は最初に必ずコンピューターシステムの職員に許可を貰って下さい。」

「許可を得る」の場合 from を使い、通常 to や at は用いない。日本語では「に」を使うことが普通であるが、英語ではそうではないということは、英語の方が方向性をはっきりと打ち出さねばいけないと言うことなのかも知れない。

02 office functions
会社の色々な職務

The work of this department is to regulate the administration of **office functions** including post, faxes, goods movements, office supplies and equipment, and office presentation.

「この課での仕事は社の色々な仕事を統括することである。例えば、郵便、ファックス、商品の配送、紙や文具とコピー機などの事務用品、そして会社の良いイメージの保持である。」

03 on corporate business
商用で

If you're traveling **on corporate business**, with a tour group or for your own pleasure, you'll find the atmosphere at the Delainn invites you to rest and relax.

「商用で旅行をする場合は、団体旅行であれ、個人旅行であれ、デラインはゆっくりとリラックスできる雰囲気の旅をご提供します。」

勘違いしやすい盲点英単・熟語

04 on the day it is required
それが要求されているその日に

Many parcel delivery services will deliver a package not only **on the day it is required** but at a specified time on that day.
「小包配送会社の多くでは小包みの配達の日付けだけではなくて、配送時間も指定できる。」

05 one day's notice
1日前の知らせ

If interested in visiting our production facilities, please email us and kindly give us **one day's notice** to arrange schedules.
「私どもの工場見学に興味がおありでしたら、メールで連絡をお願いします。その際はスケジュールの調整をしますので、1日前に連絡を下さい。」

例えば、6週間前の知らせなら、six weeks' notice となる。

06 on the edge of
〜の縁（端）に

Cyclists and walkers experience pleasure in the miles of pebbled coastline to the west and the Mellon Hills **on the edge of** the city, which offer the most spectacular views.
「サイクリングや散歩をしていいる人々は海の西側の小石の多い海岸線からと町のすぐ近くのメロンヒルズからは本当に素晴らしい景色を楽しむことができます。」

07 on or before
遅くとも

Please make your payment for orders which were taken delivery of in April **on or before** June 30.
「4月に既に受け取った注文の品物の支払いは遅くとも6月30日にはして下さい。」

Part 2

which were の部分はなくともよい。taken delivery of 全体で received という意味を表す。背後に take delivery of orders「注文品を受け取る」というフレーズがある。逆に「我々が配送する」というのであれば、We make delivery of orders. となる。この場合は we が supplier となる。

08 be on the rise
上昇している状態で

Sales of liquid crystal televisions **are on the rise** among people who have profited through investing in Internet businesses.

「液晶テレビの売り上げはインターネット産業の投資で利益を上げている人々の間でよく売れている。」

people の場合は通常 3 人以上と考えられるので、among people を between people とはできない。

09 one's to keep
自分のものになるべきその人のもの⇒自分のもの

Nobody claimed the money which Christy found and turned into the police, so it eventually became **hers to keep**.

「クリスティーが見つけて、警察に届けたお金が自分の物だと言う者がなかったので、結局彼女のものになった。」

10 open a subsidiary branch
支店を開く

Fashion Interiors Co. plans to **open a subsidiary branch** in a suburban shopping mall and is presently doing market research to decide what stock it should carry.

「ファッションインテリアーズは郊外のショッピングセンターに支店を開くことを計画していますが、どういった商品を置くかを検討するために現在、市場調査を行っています。」

こういう場合の open は up/out などを付けることが通常出来ない。警察が家のドアを開けるときは Open up in the name of the Lord.「神の名の下に開けなさい。」と言うらしい。

勘違いしやすい盲点英単・熟語

011 opposing sides
反対の立場の両者

My feeling is that neither of the **opposing sides** has yet placed down its swords

「私の受ける感じでは反対の立場をとる両者ともに、未だ振り上げた拳を下ろしていないように感じる。」

012 be originally predicted
当初予想されている

The number of students which applied was much smaller this year than **was originally predicted**.

「今年の志願者は当初予想していたよりもずっと少なかった。」
　ここの be はほとんど過去形で使われると考えてよい。

013 overdue books
延滞図書、返却期限を過ぎて借りている本

I think public libraries provide a very valuable service to the community but I don't use them much because I accumulate too many **overdue books** and am constantly receiving overdue notices asking me to return them.

「思うに公共図書館は町に無限のサービスを提供してますが、私は個人的にはあまり利用をしません。というのも返却期限が切れた本がたくさんあって、早く本を返却しなさいというお知らせをいつも受けているからです。」

類例 Fines for overdue books and journals are 50 cents per day per item for regular stack material.

「延滞図書類の罰金は書庫の中のものについては1日につき50セントです。」

Part 2

014 overdue notice
未払いのお知らせ

Kaori inadvertently forgot to renew her subscription to a magazine she had been getting for years and was surprised when she received an **overdue notice** reminding her that payment for a further year should be made.

「かおりはうっかりとしていて何年にも亘ってとっていた雑誌の講読延長手続きを忘れていた。それで、延長希望の際の未払いのお知らせが来てびっくりした。」

最後の should be made は payment for a further year was due としてもよい。

015 overhead costs
諸経費（賃借料、光熱費、税金など）

We have cut our **overhead costs** to the bone and saved money every way we can in order to accomplish the financial goals for this year.

「我々は今年の財政目標を達成するために、限界まで諸経費をカットし、できうるありとあらゆる方法でお金を貯めた。」

016 overnight guests
泊りの客

Several of the **overnight guests** were members of the fund-raising committees which raised hundreds of thousands of dollars for the president.

「泊まりの客の何人かは社長のために何十万ドルもの金を集めた基金集めの委員会のメンバーだった。」

関係代名詞が which だとすぐ前の committees に掛かるが、who だと、committees、members、guests の間で曖昧になる。

勘違いしやすい盲点英単・熟語

o17 overtime pay
残業代（というもの）

These rule changes will be put into effect next year and **overtime pay** will be eliminated for many middle-class workers.
「この規則変更は来年には実行に移され、残業代は多くのミドルクラスの労働者にはゼロとなる。」

残業代は overtime payments とも言える。この場合は1回1回の残業代の支払いという意識となる。単数の overtime payment とは普通ならない。

p1 parking structure [parking deck or parking garage]
駐車場となっている建物

You'll find a description, building map and the closest visitor **parking structure** to your destination in our information pamphlet.
「色々な情報が載っているパンフを見れば、説明文、建物の地図、目的地に1番近いお客様用駐車ビルの位置が一目瞭然です。」

parking deck はビルの屋上を使っている可能性がある。parking garage は大抵エレベーター付で、あまり台数が入らないものを指す。臨時駐車場は temporary parking lot、parking provision などという。

p2 perishable
腐りやすい

Once you open food packages, the use-by date becomes irrelevant if the contents are **perishable**.
「一度パックを開けると、内容物が腐りやすいものだと、賞味期限の日付は意味がなくなる。」
「賞味期限」は use-by date。家庭で使うパックなら、food containers ともいえる。

p3 personal belongings
個人の持ち物

Part 2

Any **personal belongings** left behind or lost are to be reported to the Students' Office.

「どこかに忘れ物をしたり、何かを紛失した際には学生課に本人が届け出ることになっています。」

☐ p4 personal effects and belongings
個人の所持品

Please watch your **personal effects and belongings** carefully because there are a lot of pickpockets in this area and many tourists have suffered losses.

「自分の所持品には気を付けてください。この辺りはスリが多く、旅行者も頻繁に被害にあっています。」

☐ p5 personally
本人が直接

The senior executive **personally** welcomed all the staff members to the school's farewell party.

「会長が学校の惜別会で本人が直接職員全員に挨拶をした。」

to the school's farewell party は会長が玄関に出て挨拶をしたイメージが強くなる。to の代わりに at を使うと、パーティーの中を回って、その中でもっと unofficially に挨拶したイメージとなる。その場合は welcome よりも greet がよりふさわしい。

☐ p6 place
（決まっているとことに間違いないように注意して）置く、設置する

I sent evaluation forms to students by mail and asked that they **place** the completed evaluations in the box I have placed outside my office.

「郵送で学生に評価用紙を送り、その中の問いの回答を全て記入したものを研究室の外に設置したボックスに間違いなく入れておくようにお願いした。」

最初の place は「決まっているとことに間違いないように注意して置く」、最後の place は「設置する」。それぞれ in と outside との相関があることに注意。

勘違いしやすい盲点英単・熟語

place が重なることがぶさいくだと判断されれば、後ろの place は put となるだろう。ここの ask は後ろに続く節の中に仮定法現在を求めるので、placed、will place、would place などにならない。

p7 positive work environment

良い職場環境

To promote a **positive work environment**, a manager should always be aware of employees' relationships with colleagues as well as actual productivity.

「良い職場環境を推し進めていくためには現場の責任者が常に実際の生産性と従業員の人間関係を掌握しておく必要がある。」

p8 post

（ビラなどを）柱［壁］に貼る、掲示［告示］する

In the last few years, Boris Pharmaceuticals, producer of almost a hundred chemical products, has **posted** impressive profits.

「ここ数年の間、100に迫る化学製品を作ったボリス薬品が素晴らしい利益を上げたことを告知しました。」

p9 power failure

停電

In the event of a **power failure** the system brings the elevator to the nearest floor and stops it there.

「停電の際にはシステムが作動するとエレベーターがその時点でもっとも近いフロアーに移動し、そこで停まるようになっています。」

p10 prefer that S V

S が〜するように望む（V は通常仮定法現在もしくは、仮定法過去）

Part 2

This is a small company with a young staff, so the top-level management **prefers that** you call them by their first names.

「ここは小さな会社で若い人間しかいません。それでずっと上の方にいる人たちはあなた方職員たちに下の名前で呼ばれることを望んでいます。」

> the management は「社長以下重役と目される人たち」。複数の人という意識もあるので、3 単現の s がない場合もある。

p11 profitable

利益の上がる

The location of the company's new address turned out to have unexpected problems and the first year of business was not as **profitable** as had originally been projected.

「会社の新住所の場所は予想外の問題をはらんでいたことが判明。初年度は当初予想していたよりも売り上げが伸びなかった。」

p12 profound influence

大きな影響力

Although he retired from the political party last year, Ben Smith still has a **profound influence** on the party's crucial decisions

「ベン・スミスは昨年政党から引退をしたが、いまだにその政党の重要な政策の決定に大きな影響をもっている。」

> profound は哲学的な響きが生じることがある。その他では powerful もぴったりくる。その他では strong、big などでもよい。strong は He has a strong influence on me.「彼は私に大きな影響力をもっている。」のように人に対する強い影響という意味合いのほうがぴったりする。wide、thick、deep はすべてだめ。heavy も不自然。

p13 promptly

間もなく

Registration must be completed on the first day of class and will begin **promptly** at 9:00 a.m. tomorrow.

勘違いしやすい盲点英単・熟語

「登録は最初のクラスの日に全て終えなければなりません。明日の朝の9時から間もなく始まります。」

p14　the property of their respective authors

それぞれの作者の著作権

Most articles found on the internet are subject to copyright laws and are **the property of their respective authors**, so to use them commercially without permission is prohibited.

「インターネット上の記事のほとんどは著作法に引っかかるので記事のそれぞれの著者に著作権が帰属する。従って、記事を許可なしに商業目的で使用することは禁じられている。」

会話であれば後半部分は it〜to〜構文を使って、it is prohibited to use them commercially without permission となるかも知れない。著作権のことに言及する際に、この言い方が結構用いられている。言うまでもないが、単数のことが話題となっていれば their の部分は its などに代る。

p15　the proposed highway construction

高速道路の建設を提案すること

The proposed highway construction will require the demolition of a number of buildings of historical interest and a protest group has been organized to oppose it.

「その高速道路建設計画に従うと、歴史上重要な建物が数多く破壊されることになる。それに応じて、建設に反対するグループが組織された。」

ここの proposed の部分に通常、provoked/provided は入らない。これらの単語は通常は以下のように名詞の前ではなく、後ろに来る。The books provided proved to be useful. 「提供された本は役に立った。」、The response provoked by... 「〜によって引き起こされた反応」

p16　propose to

〜するという提案をする

One council member **proposed to** fire the basket ball coach to save money.

Part 2

「市議会のメンバーの1人がお金を節約するのにバスケのコーチを解雇しようという提案をした。」

ここの propose の部分は suggest、demand などにはならない。demand は後ろに know が来て、demand to know であればありえるが、demand to fire はおかしい。

p17 prospective employer

自分を雇ってくれる可能性のある雇用主

When job hunting, it is important to prepare a resume to provide a **prospective employer** with the information he will need to have about you.

「就職活動においては、雇ってくれる可能性のある雇い主が自分の事に関して必要とする情報を提供するためにも履歴書をきちんと準備することが大切です。」

prospective employer は（1）「自分がそこに入りたいと思っている会社の雇い主で、雇ってくれる可能性のある、雇ってくれそうな、雇い主」のことで（2）「将来有望な雇い主」ではない。その場合には a promising employer となるが、これは（1）と（2）で曖昧になることも有り得る。

p18 protective packaging

保護のしっかりした梱包

Your crystal is packed in high quality dark blue boxes suitable for gift giving and each piece is wrapped in **protective packaging** to minimize breakage.

「お作りになったガラス製品はプレゼント用にぴったりな濃い青色の高級な箱に入れます。品物は1つ1つ別々にしっかりと梱包して可能な限り割れる事がないようにします。」

protective package とは殆どならない。

p19 prototype

試作品

According to the report of Sept. 30, the **prototype** of the new car will be fully functional by the end of October.

「9月30日のレポートによると新しい車の試作モデルが10月末には完全に使える状態に

なっているということだ。」

prototype はここでは「新しい今までになかった製品の試作品」で、functional は「使えるようになっている」状態を指している。fully functional は頻度の高い組み合わせ。completely functional でもよい。

p20 publicity materials

宣伝のための道具、材料

If you would like to order **publicity materials** such as posters and brochures for yourself, your school, or your agency, please print out and complete the Materials Order Form on our internet site and mail it or FAX it to us.

「自分自身や学校、代理店を宣伝するポスターやパンフレットなどの宣伝の道具が必要ならインターネットサイトの材料注文フォームをすべて記入し、印刷して、それをこちらに郵送するかファックスして下さい。」

p21 public relations division

広報部門

The public relations division is still not delivering the kind of service needed on a project of this nature.

「広報は現在のところではこの種のプロジェクトに必要なサービスを提供しているとは言い難い。」

p22 public services

公共の設備（バス、トイレ、電車、インフォメーションセンターなど）

Public services in cities in this prefecture are excellent but this comes as a result of a high taxation rate.

「この県の市の公共設備はすばらしいが、結果として、税金も高い。」

A comes as a result of B は文だけを見れば、B が原因で A が結果ということになるのかも知れないが、実際に意図している意味はそれほどはっきりしていない。「特定の市の公共の設備」なら the city's public services となる。

Part 2

q1 · qualifications meet the requirements for
能力が〜に対する要求を満たす

Applications are only accepted for positions on the Employment Vacancy List. If your **qualifications meet the requirements for** an open position, you are welcome to apply.

「願書は社員募集のリストに載っているポジションしか受け付けません。しかし空いているポストに適切な能力があってやっていけると思う方はどしどし申し込んで下さい。」

類例 You gave me a very good picture of what would be expected of the person who fills this position. I am very interested in the position you have available and feel that my qualifications meet your requirements perfectly.

「このポジションではどんなことが期待されているかに関してよく分りました。貴社のポジションに非常に関心をもっております。又、私は自分の能力の点において、そのポジションは私に適任であると感じております。」

r1 · the rate of decline
下落の割合

The rate of decline in applications for housing loans is a result of the increase in interest rates.

「家のローンの申し込みの落ち込みの割合は（銀行の）利率が上がった結果である。」

decline には不定冠詞 a は付かない。

r2 · reach
〜と（電話・手紙などで）連絡する

She can be **reached** at (203) 771-0109 or at r-berron@southwestern.edu.

「彼女と連絡をとるには（203）771-0109 に電話するか、r-berron@southwestern.edu にメールして下さい。」

勘違いしやすい盲点英単・熟語

r3 readership
新聞や雑誌の読者数、読者層

This article suggests five things you can do to expand your **readership**.
「この記事によると、読者数を増やすには5つのヒントがあるということだ。」

r4 readily available
いつでも手に入る

Our products are now **readily available** in all major supermarket chains in the State, so customers no longer have to search around for them.
「我々の製品は今ではこの州内の大きなスーパーに行けば、どこでもいつでも手に入ります。ですから、お客さんはもう探し回る必要はありません。」

r5 receive an invitation to attend
〜に出席すべきという招待状を受け取る

Mr. Morris has **received an invitation to attend** the June 30 event featuring presentations from leading companies.
「モリスさんは6月30日のトップ企業のプレゼンテーションを目玉にしたイベントに出席できる招待状を受け取った。」

r6 recruits
新入社員

This year's new **recruits** completed the induction program more quickly than those in previous years.
「今年の新入社員は今までの新人よりも新人教育を早く終えた。」

Part 2

r7 refer
(人を〜に) 差し向ける、照会させる

Let me **refer** you to the front page of the newspaper of 10th of March 2009.

「2009 年の 3 月 10 日の新聞の最初のページをお見せしたいと思います。」

r8 reflect periodically on
〜を定期的に見直す、反省する

As in any endeavor, it is useful to **reflect periodically on** what has been accomplished. When such reflections are captured in a book, then they provide a convenient entrance to the field for readers not yet familiar with it.

「どんな努力をするのでも一緒ですが、その時々でどこまでやったかを定期的に確認することは意味のあることです。そのような確認を読書の途中ですると、本の内容に不慣れな読者にもその分野への便利な入り口を提供することになるのです。」

類例 It is important to reflect periodically on teaching activities in which you are engaged in order to make sure that they are helping you reach your maximum potential.

「自分が行っている教授法に関して、定期的に反省することは大事である。そうすることで、その教え方が自分の能力の限界まで到達することを手助けしているかどうかを確認することができる。」

r9 regularly scheduled
定期的に行われる

The tour includes all transportation while in Greece by first or best-class steamer, ferry, private air-conditioned motorcoach, and economy class on **regularly scheduled** flights.

「旅行はギリシャにいる間の全ての交通手段を含みます。つまり、最高の汽船、フェリー、会員貸切でエアコン付のバス、エコノミークラスの定期便です。」

motorcoach は 2 語にして分かち書きの時もある。regularly scheduled の後ろの名詞は flights、trains、workshops、meetings、conferences、maintenance、releases などが考えられる。

r10　relevant receipts

関係した領収書

Please fill out this form for all campouts, attach any **relevant receipts** for expenses you wish to have reimbursed and send the papers to us at headquarters.

「キャンプ関連の書類を全て記入して下さい。払い戻しを希望する経費に関する領収書を全て貼り付けて下さい。書類一式を本部に送って下さい。」

r11　relocation information

場所の移転のお知らせ

Three of our major branches will be operating from new premises from January 3. **Relocation information** can be obtained from our homepage or by calling us directly.

「主要な支店のうち3店は1月3日より新たな場所で業務を行います。移転先についてはホームページに記載されておりますが、直接弊社に問い合わせていただいても結構です。」

　operate from は working from「そこから営業している→そこの営業所のイメージ」と考えればよい。

r12　remainder

残り

The paintings will be on display for the **remainder** of the week, weather dependent.

「絵画は天気によりますが、晴れれば、週の残りの期間展示されます。」

Part 2

r13　remain locked
部屋が閉じられた状態にする、人を閉じ込めておく

Insane men will **remain locked** up.
「精神的におかしい人はずっと閉じ込められるでしょう。」

r14　remain ready to
〜する用意がある

Despite signs of a recovery, the Fed chairman hinted on June 2 that he **remains ready to** cut rates again to prevent deflation.
「景気の回復の兆しがあるのにもかかわらず、米連邦準備理事会議長は６月２日の発言でデフレを防ぐために再度、公定歩合の引き下げを行う用意があることを示唆した。」

r15　a replacement fee
再発行料

Lost or stolen cards will be reissued. In such instances, students will be required to pay **a** $5.00 **replacement fee**.
「カードをなくした場合は再発行しますが、その場合は学生諸君は再発行料として５ドル支払ってもらいます。」

r16　request extra credit cards
クレジットカードを余分に請求する

If your children are going to travel abroad, it's a good idea to **request extra credit cards** for them, so they can use them if an emergency arises while they are away.
「お子さんが海外へ行くのでしたらクレジットカードを余分に持たせた方が良いですよ。何かあったときに対応できますからね。」
　クレジットカードは数えられる名詞なので、冠詞がない場合は複数形にしなければならない。複数でない場合はこの場合は、an extra credit card となるだろう。

勘違いしやすい盲点英単・熟語

r17 request a leave of absence
休暇を要求する

I am writing to **request a leave of absence** for the 2009-2010 school year.
「2009年から2010年にかけての学期の休暇を要求する書類を書いているところです。」
want、desire、plead for などは文法的には可能であると考えられるかもしれないが、習慣として、この場合 request を使う。

r18 resolution
解像度

In order to see bigger letters, you have to lower the **resolution** of the screen.
もっと大きな文字で見るには、画面の解像度を落とす必要があります。

r19 restoration work
家の改築

The old house had needed extensive **restoration work**, but it eventually became a charming and comfortable residence.
「その旧家は大規模改築が必要で、実際に行ったのだが、結局は素晴らしくくつろぐことが出来る住居になった。」
extensive restoration work の前に an は付けれない。ここで had needed は単なる過去形の needed よりも「かつては本当に酷い状態だった、でも今や非常に立派な家になった」という改築の前後での強い対比が発生する。

r20 retirement options
退職に当たってのオプション

Part 2

The company has introduced some new **retirement options**, so those who are about to retire or who are considering early retirement should ask the personnel manager about them.

「会社は幾つか新たに退職のオプションを導入したので、退職を目前に控えている人及び早期退職を考えている人は人事課長に聞いてください。」

s1 sales
売り上げ

Unfortunately they say that unless fuel prices stay low for at least 3 months, there will be no economic effect on car **sales**.

「残念ながら、原油の価格が少なくとも3ヶ月間の間は、低い値段で推移しないことには車の売り上げにいい影響は出ないということだ。」

ここの sales は「売上高」の意味では単数の形では使用されない。ここの effect は良い意味での影響の意味。

s2 schedule
〜の予定を決める

The symposium on issues in modern society which opens on Saturday has **scheduled** a series of lectures, talks, and workshops which it is hoped will help prepare young people to meet today's challenges.

「この土曜日に開かれる現代社会の諸問題に関するシンポジウムでは若者が今日直面する様々な困難に立ち向かうことを手助けする期待を込めてレクチャー、トーク、ワークショップが予定されている。」

it is hoped の主体は by organizers などと考えれば良い。meet a challenge で「困難なことに立ち向かう」。today's challenges は「今という時代がもたらす乗り越えないといけない問題」、例えば、現在の日本では終身雇用制が崩れつつあるために、就職が決まった後でも先が見えないことがある。そこから生じる精神的なプレッシャーやテクノロジー社会におけるアイデンティティーの不安定性などの問題が考えられる。日本を含む先進国で生ずる多くの問題は今後は精神的な問題に帰着するものと思われる。

s3 schedule lectures
講義をスケジュールする

Annie Jones **schedules lectures**, museum tours, stadium tours, conferences, as well as three baseball games a week.

「アニー・ジョーンズは週に3回の野球に加えて、講義、美術館ツアー、スタジアムツアー、会議をスケジュールします。」

s4 school sporting events
学校の運動会

School sporting events traditionally enjoy a high priority in the annual schedule of public events in rural areas compared with cities.

「運動会は都会においてよりも田舎において年間の公的催しのスケジュールの中でより大事にされている。」

s5 secure
（安全のために）しっかり閉める

Have a professional **secure** all the windows in your home, including basement windows.

「プロの人に地下の窓を含めて、家の窓全部をしっかり閉めてもらって下さい。」

s6 segment
部分

Personally escorted luxury tours for couples or small groups is a small but important **segment** of Asian Tours operations

「カップルや小グループ向けの添乗員つきの個別贅沢旅行コースは旅行会社アジアンツアーズの商品の中では割合としては小さいけれども大切なコースなのです。」

こういった場合の segment は segmentation に出来ないことに注意。seg- の部分に「切り取る」の意味がある。ワンセグのセグでもある。

Part 2

s7 a self-addressed stamped envelop (SASE)
自分宛の住所、氏名が書かれて、且つ、切手が貼ってある封筒

Images will not be returned unless **a self-addressed stamped envelop** is included.

「切手を貼った自分宛の住所名前を書いた封筒を同封していない場合は写真はお返し出来かねます。」

s8 service charge(s)
サービスチャージ

When you open a bank account, you should think carefully about how you will use it, and choose the kind of account that suits your needs, so you don't have to pay unnecessary **service charges**.

「銀行の口座を開く際にはどうそれを利用するのかを考えることが大事です。自分に合った口座を選べば必要のないサービス料を払う必要もなくなります。」

口座で有効に機能していない口座には inactive を使う。例えば、休眠状態の普通預金の口座で 10 ドルしか入っていない口座は inactive savings accounts of balances of ten dollars となる。

s9 be serviced
点検してもらう

Car manufacturers usually recommend their cars **be serviced** every 12 months.

「車の会社は大体 12 ヶ月点検を勧めることが普通である。」

12 ヶ月点検が法で規定されているのであれば、次のように言える。All cars are required by law to be serviced every 12 months.「車は全て法に則り 12 ヶ月点検を受けなければいけない。」しかし、実際には 12 ヶ月点検の法的根拠はないようである。

勘違いしやすい盲点英単・熟語

s10 service department
サービスカウンター（お客さんの御願いや苦情の処理などを行う）

Since the **service department** is understaffed, it can take more than one week for customers to receive a response from the department.

「サービスカウンターの人員が足りないので、お客さんがサービスカウンターからの回答を受け取るまでに1週間以上かかる可能性があります。」

s11 be serviced free of charge
無料で点検して貰う

New vehicles sold by Tony Motors will **be serviced free of charge** after 20,000 kilometers.

「トニーモータースで新車を買うと2万キロを越えてからの点検は無料になります。」

s12 shift
交替勤務時間

During every 8-hour **shift**, four staff members are responsible for the operation of the system.

「8時間のシフトごとに4人のスタッフがシステムの運営に責任を持ちます。」

s13 shift managers
（原則として24時間体制の）仕事のシフトごとの長

Each **shift manager** works a particular 2-hour shift each week during a semester. Shift managers are also trained to "show the ropes" to volunteers who have never worked a shift.

「それぞれのシフトの長は1つの学期の間、毎週2時間仕事をしてもらいます。シフトの長は又、このシフトの仕事をしたことがないボランティアの人にやり方を教えることも学びます。」

　show the ropes は「やり方を教える」。

Part 2

s14 ship
送る、運ぶ

Some people insist that news about Japan should be bowdlerized before it is **shipped** to the Japanese.

「人の中には日本に関するニュースは日本人に届く前に改竄(かいざん)すべきと考える人がいる。」

s15 should be kept out of the reach of children
子供の手の届かないところに置いておく

Tobacco products, matches, lighters, and candles **should be kept out of the reach of children** at all times.

「タバコ製品、マッチ、ライター、ロウソクは常に子供の手の届かない場所に置いてください。」

s16 shrink
縮む

Articles of clothing made from wool should not be washed in water because they will **shrink**.

「毛で出来た服は水で洗わないで下さい。縮んでしまいます。」

shrink の主語は衣服や fabric「生地」と相場が決まっている。こここの will は性質を表していると考えてよいだろう。

s17 significantly more crime
目だってより多くの犯罪

The misperception persists that malls are somehow a sanctuary from the real world. But in fact, the average shopping center today has **significantly more crime** than its 1978 counterpart.

「ショッピングモールは現実世界から離れた一種の聖地であるという間違った考えが根強い。」

勘違いしやすい盲点英単・熟語

しかし、現実には今日の平均的なショッピングセンターにおける犯罪は1978年当時と比べてずっと増えている。」

この crime は不可算名詞として扱われている。この言い回しでは不可算の方が多い。

s18 sign a new accord
新たに同意する

They planned to **sign a new accord** under which the former antagonists would instantly share data about the launch of ballistic missiles and space payloads.

「彼らは、かつては敵であった者同士が、弾道ミサイル発射とそこに積んでいる弾頭の種類に関するデータについてはすぐに共有するという同意書に新たにサインしようとした。」

s19 site
場所、建築予定地

Because the **site** was long and narrow, the architect had to use his ingenuity to design a functional office building to go on it.

「そこの建築予定地は細長い形状をしていたのでその土地に建築予定の機能的オフィスビルのデザインを考えるのに建築家は知恵を絞った。」

ingenuity「発明の才」は数えられない名詞。to go on it は that would go on it/to build on it/to erect on it（for it）とパラフレーズ出来る。it は the site のこと。訳では to go on it は副詞的になっているが文法的には building に係る to 不定詞の形容詞的用法と考えれば良い。

s20 sit on
（委員会など）の一員である

Ruby Reynolds still **sits on** the executive board and, according to her colleagues, plays a major role in brainstorming sessions.

「ルービー・レイノルズは未だに役員の地位にあり、彼女の同僚によると、ブレインストーミングのセッションで重要な役割を果している。」

Part 2

s21 staffing
職員の数をそろえる事

These web-based training programs will make the department more efficient and this will keep productivity high and minimize the need for increased **staffing**.

「このウェブを基本とするトレーニングのプログラムを使うと、ここの部門がより効率的になり、且つ生産性の向上と結びつき、人員の増員の必要性を最小化することにもなる。」

s22 staffing agency
派遣会社

Izaiah's **staffing agency** can provide you with people with the professional qualifications that fit your needs perfectly.

「イザイア派遣会社は貴社のニーズに完全にマッチするプロの能力を持った人材を派遣します。」

s23 staff lounge
スタッフラウンジ（armchair や coffee machine があることを想起させる）

The Maya **Staff Lounge** was erected in 2004, in honor of the immeasurable impact that Maya Williams had on Camp Harl.

「マヤスタッフラウンジは 2004 年にマヤ・ウィリアムズがハールキャンプ場に多大な貢献をしたことを記念して作られました。」

教員が集まる部屋としての職員室は staff room。

s24 staff recognition party
スタッフを励まし評価し賞賛する為のパーティー

At the **staff recognition party**, this year's employees received special awards for their outstanding sales performance.

「職員を励ます集いで今年の従業員達が売上が目立って良かったので特別賞を授与された。」

勘違いしやすい盲点英単・熟語

s25 stand
依然として有効である

Many businesses opposed the city council's decision to close the downtown parking building, but in spite of the protests, the decision was allowed to **stand**.

「商売人の多くは街の商業地の駐車場を閉鎖するという市議会の決定に反対をしたが、その抗議にもかかわらずその決定は有効とされた。」

s26 stress that
〜を強調する

Medical experts **stress that** maintaining a healthy life style is one of the most important ways to combat diseases of old age.

「医療の専門家が強調するのは健康な生活を送ることで加齢による疾病をかなり防ぐことが出来るということだ。」

stress は that 節は取るが when、why などは取れない。explain/tell は wh 語と that 節の両方を取れる。

s27 strictly limited
量が非常に少ない

Note that the fund available is **strictly limited** and a subsidy for parents in the higher income bands is not guaranteed

「利用できるファンドは厳しい状態で、収入の高い両親に対する補助金に関して保証はしません。」

s28 be subject to
〜を被る

Part 2

Students caught cheating in any exam during the final exam period **are subject to** a suspension of up to one semester.

「定期試験中のどれかの試験でカンニングをした学生は最大限１つの学期の期間の間停学となります。」

　　ここの up to は at most と考えられる。

s29 be subject to credit approval
過去のお金のやり取りの経歴、倒産の経験の有無などなどに関する信用を得れるかによって決定される

The offer may be modified or discontinued without prior notice and may vary by market. Loans and lines of credit **are subject to credit approval**.

「(この金利でこの返済プランでの）ご提供ですが、予告なしに変更されることも継続不可となることもあります。又、市場の影響も免れません。ローンとその限度額はお客様の信頼性にも関係致します。」

　　offer はパンフにただ書くだけならこうなるだろうが、本来は this loan offer などとなるはず。credit approval は credit rating となることがあるかも知れない。ここの lines of credit「貸し出し限度額（the maximum amount of credit to be extended to a customer. Also called credit line.)」の line は上下に伸びる線ではなく左右に伸びる線のイメージで捉えればよいかも知れない。

s30 submit one's project reports
自分の計画書を提出する

From that date, students had until 22 April 2008 to **submit their project reports**. The ten best projects were selected by 20 May.

「その日から 2008 年の 4 月 22 日までに学生は計画書を提出する義務がありました。最も優れているもの 10 点を 5 月 20 までに選び出しました。」

s31 submit suggestions on
〜に関して提案をだす

Customers are encouraged to **submit suggestions on** how to improve this website for all sports loving people.

「お客様にはすべてのスポーツを愛する人たちのためのこのサイトの良い改革案を期待しています。」

s32 successful

成功裏に終わる

Graduates of this university purportedly go on to highly **successful** careers in education, law, industry, and government.

「この大学の卒業生は聞くところによると、教育、法曹界、産業界、政治の世界で大いに成功をおさめている。」

ここの successful は successive とはできない。

s33 suggested revisions

改定の提案

It is hoped that the **suggested revisions** to the dress code in this company will improve its image.

「ドレスコードの改定によって、この会社のイメージがよくなることが望まれます。」

ここの suggested は suggestive とはならない。

s34 superior to

〜より優れている

Liberals in the media have created the illusion that Tom Williams is far **superior to** Joe Hinks intellectually, despite the fact that Hinks' grades at Yale were equal to, if not better than Williams's marks at Harvard.

「メディアの自由主義者達はトム・ウィリアムズがジョー・ヒンクスよりも遥かに知的に優れているという幻想を作り出した。しかし、事実としてはヒンクスのイェールでの成績はウィリアムズのハーバードでの成績に優るとも劣らないものであった。」

Part 2

t1 take great care
とても注意して取り扱う

We, the breeders, **take great care** to ensure that you are getting a confident, loving, healthy kitten that will bring years of love and entertainment to his or her new family.

「我々ブリーダーは子猫たちの新しい家族のもとへしっかりとした、愛くるしい、健康な子猫を提供することによって、長い年月の間、愛情と楽しみを提供いたします。」

ここは不定冠詞を付けて、take a great care とならないことに注意。

t2 take minutes of
〜の記録をとって、残す

Support staff personnel will **take minutes of** the proceedings as the members discuss further cost-cutting measures.

「メンバーが更なるコスト削減の手段について討議する時にアシスタントの人達がその記録を取って、残してくれます。」

ここの minutes は「議事録」。「打ち合わせ議事録を」minutes of meeting と言う事がある

t3 take the time to do
〜する時間を取る

Please **take the time to** let us know how many copies of the textbook you will need next year and we will hold them for you.

「お手数ですが、来年度は教科書が何部必要かお知らせ下さい。そうして頂けると、必要部数をお取り置きしておきます。」

t4 telephone calls should be made
電話はなされるべきである

勘違いしやすい盲点英単・熟語

Personal **telephone calls should be made** from the public phones in the foyer.

「個人的な電話はロビーの公衆電話から掛けて下さい。」

> telephone calls should be made の後には only from 場所「その場所からだけ」や、only in case of emergency「緊急の場合のみ」などと繋がることが多い。

類例 Telephone calls about this job advertisement should be directed to the personnel manager.
「この仕事に関することは人事課長のところに電話して聞いて下さい。」

---

t5 **be temporarily out of stock**

一時的に品切れ中で

The recycled paper we usually use in our copy machines **is temporarily out of stock**, so we have had to order regular paper.

「我々がコピーの時に通常使用する再生紙が一時的にきれているので、（再生紙ではなく）普通紙を注文せざるを得なかった。」

> 最後の paper は複数にはならない。現在時制と一緒に使われる temporarily は now、過去時制と一緒に使われる時は then の意味と考えればよい。

---

t6 **be temporarily suspended**

一時的に中止になっている

The company is installing a new telephone system, so telephone service will have to **be temporarily suspended** for at least four hours on January 29.

「会社は新しく電話の回線を設置しています。よって、1月29日の電話のサービスは少なくとも4時間は一時的に中断されます。」

---

t7 **terminate**

終わらせる

Part 2

This agreement may be **terminated** at any time as long as both parties to the agreement, that is, the president of PITT College and the president of this university are both in favor of doing so.

「同意に関係する2団体、即ち、PITTカレッジとこの大学の学長の双方が賛成しさえすればこの協定はいつでも締結できます。」

契約に関係する文だが、文そのものは柔らかい、話し言葉になっている。

---

t8 thoroughly enjoyable
特別に楽しい

Many of those who attended the family reunion had not seen each other for many years, if at all, and everyone found it **thoroughly enjoyable**.

「(遠く離れていた)家族の集まりに来た者の多くは、もしあったとしても、もう何年もお互いの顔を見ていなかったので誰にとっても本当に楽しい会になった。」

enjoyableは形容詞であるのでそれを修飾するには形容詞や前置詞として使うthoroughは来れない。

---

t9 thoroughly modernized
完璧に今風になっている

The El Paso Convention and Performing Arts Center was enlarged and **thoroughly modernized** in May, 2008. This state-of-the-art facility offers 200,000 square feet of space, including a column-free 80,000 square foot exhibition hall and 16 breakout rooms.

「エルパソ会議芸術センターは2008年5月に規模が大きくなり、新しくなりました。この科学技術の水準を示す設備は20万平方フィートの大きさをもち、柱が全くない8万平方フィートの展示ホールと16の会議室があります。」

breakoutはここでは「会議を行うために分けられた小グループ」を指す。a breakout session「小グループのセッション」。

---

t10 trade representatives
(政府関係などの)貿易代表団

勘違いしやすい盲点英単・熟語

Our country's **trade representatives** work from offices in our embassies in Germany, China, Mexico, Brazil, South Korea, and Japan.

「我々の国の貿易代表団はドイツ、中国、メキシコ、ブラジル、韓国、日本に置いてある大使館内の貿易事務所で仕事をしている。」

work from は、家にいて翻訳の仕事をする場合に work from home などということを想像すればよい。

t11 transfer A to B
AをBに移す

There are large number of records dating back as many as 50 years taking up space in our office and the section manager wants to **transfer** these records **to** a location designated by archives.

「ここの会社には最大50年前の記録があり、場所を塞いでいるので課長はその記録類をアーカイブの職員が決めた場所に移したいと考えている。」

...transfer these records to... は課長本人が移すという言い方になっているが、常識で考えれば、課長が命令して誰か他の人が移したと考えるのが筋である。他の人が移したことを明示するには以下のようにする。have these records transferred to

t12 transit authorities
交通機関関係者（責任者）

Witnesses representing **transit authorities** predicted cash reimbursements would severely damage the transit industry.

「交通機関関係者を代表する証人（この場合は経理に詳しい人など）によると現金でお金を返金することは交通産業に深刻な打撃を与えることになるとのことだった。」

t13 translate the speeches
発言を翻訳する

One of the major problems with running a large international conference is that all **the speeches** must be **translated** into several different languages.

Part 2

「大きな国際会議を運営する大きな問題の１つは全ての発言を異なった複数の言語に訳さなければいけないことです。」

t14 travel-expense report

旅費の申請書

To create a **travel-expense report**, fill out the information requested in the spaces below, and select the Create Form box.

「旅費の申請書を作るには先ず、下のスペースに必要な項目を全て書き入れます。それからクリエートフォームボックスをクリックします。」

　　ここの select は click on や press と考えればよい。

t15 turn out

電気を消す

The object of the game is to **turn out** all the lights.

「このゲームの目的は全ての電気を消すことだ。」

　　電気を消す、は turn off だけではなく turn out を使うこともある。会社の電気はそのまま office light などと言う。

t16 two forms of identification

２種類の身分証明書

Security has been tightened recently and now **two forms of identification** are necessary before it is possible to enter the research laboratory.

「警備が厳しくなった為に現在は研究所に入るのに２種類の身分証明書の提示が必要となった。」

　　ここの form は書類の形式というような意味で prints/terms/marks などは不可。

勘違いしやすい盲点英単・熟語

u1 under the current contract
現在の契約の元では

Under the current contract, employees in this company are entitled to additional days' paid holiday, calculated on the basis of the number of years they have worked.

「現在の契約ではこの会社の従業員は働いた年数に応じて有給休暇が増えることになっている。」

paid holiday、paid leave「有給休暇」。

u2 unique
その人独自の

Reclusive and unsociable people who study abroad encounter **unique** problems when making presentations in front of a large audience.

「外国に留学はしているが、引きこもり気味の人がぶつかる問題は大勢の前で発表することだ。」

u3 update
改定

The president, Mr. Massey, informed the directors that the annual budget **update** would not take place.

「マシー社長は会社の幹部会に今年の予算の改定は発生しないことを告げた。」

v1 a valued member
大事なメンバー

Michael Steward has been **a valued member** of Eastern Student Health Services since 1965.

「マイケル・スチュアートは1965年以来、イースタンスチューデントヘルスサービスの重要

Part 2

なメンバーである。」

　Eastern Student Health Services は学校内にある学生が無料で利用できる医療関係の診療所や相談所を暗示する。ここの valued は valuable とできない。valuable は a valuable book/piece of jewelry/source of information など、人ではなくものに使う。

v2 vary from A to A

Aによって違う

All menu items are subject to applicable taxes. Prices and items may **vary from** location **to** location and are subject to change without notice.

「全てのメニューには相当の税が掛ります。価格と品物は場所によって同じではありません。予告なしに変更することがあります。」

v3 visiting representatives

会社などを代表して来ている人々

Visiting (company) **representatives** can apply for space in which to display their informative materials and/or samples by faxing or emailing the organizers of the exhibition.

「今来ている（会社の）代表団は展覧会の主催者にファックスかメールで申し込めば、いろいろな情報提供物やサンプルを出展する場所を申請することができます。」

　informative materials は持ち帰り用のパンフ、壁に貼るパネル、ポスター、ビデオなど。emailing の次にはここでは to を入れない。

v4 voiced concern over

〜について口に出して言われた関心

Those people who accidentally discovered DNA fingerprinting, identifying the patterns of genetic material that are unique to almost every individual, have **voiced concern over** genetic privacy infringement.

「DNA 指紋法、つまり、ほぼ全ての人に固有の遺伝物質の塩基配列が存在することを偶然に発見した人たちは遺伝情報が侵害される恐れを声を大にして言っている。」

　accidentally discover は stumble on ともいえる。

勘違いしやすい盲点英単・熟語

類例 （voice が動詞の場合）

A four-member mission from Global Bank voiced deep concern over the government's "flawed" security arrangements for the oil companies with huge investments in the countries involved.

「グローバルバンクの4人組の派遣団は関係諸国において多額の額を投資している石油会社に関して政府の警備計画が「甘い」と言う事を深く心配していると声を大にして言った。」

invest しているのは政府ではなく、銀行。

w1　be welcome to do

是非〜して下さい

You **are welcome to** contact us by email or FAX if you have any inquiries about the content or format of submissions to our magazine.

「この雑誌の投稿記事の内容や投稿の書式について質問があれば、E-メールかファックスで連絡を下さい。」

w2　be well attended

人の出が良い

It is expected that the exhibition will **be well attended** by the general public as many attractive events and displays have been arranged.

「目玉となるようなイベントと展示が用意されているので、その展覧会は盛況になるだろう。」

w3　be well worth the expense

その費用を掛けた分だけの価値がある

Whether you have spent one hundred dollars or one thousand dollars on your backyard pond, the pleasure you get back will **be well worth the expense**.

「奥の池に100ドル掛けようが1000ドル掛けようが、そこから得ることの出来る楽しみを考えれば、十分それに見合う。」

必須熟語と考えられる。

Part 2

w4 with a chance of rain throughout the day

1日中どこかの時点で雨の可能性があって

The skies will remain cloudy **with a chance of rain throughout the day**.

「空模様は相変わらず良くなく、本日は1日中どこかの時点で雨の可能性があります。」

「1日中」という時によく throughout が用いられる。この場合は across、along などは用いられない。

w5 without the prior approval

〜に最初に許可を貰わなければ

It is against company regulations to use any of the company's cars **without the prior approval** of your section head and failure to observe this rule will result in immediate dismissal.

「課長に前もって許可を貰うことなく会社の車を使用することは当社の規則違反であり、この規則に違反する場合は即刻解雇となる。」

w6 without (the) written consent

書面での同意がなければ

Images may not be copied or reproduced in any way **without written consent** of the photographer.

「画像は写真家の書面による同意がない限りは複写したり、複製したりすることは禁じられています。」

w7 work around one's house

家の周りで働く→家に関する仕事を行う（屋根を直す、芝生を張り替える、水道を直す、など）

Fence companies are contractors that install fences. Many people may not have experience in hiring contractors to **work around their houses**,

勘違いしやすい盲点英単・熟語

making the selection process difficult. Here are several important tips to use in selecting a contractor to insure you get your money's worth.

「フェンスの会社はフェンスを作る建設会社です。人の多くは家のことをやってもらう建設会社を雇うという経験がないでしょう。従って、どの会社を選べばいいか分からないでしょう。ここに出しただけのお金の価値を保障する会社選びの大切なヒントがあります。」

w8 workforce [work force]

総労働力、労働人員

Last year, Greg Motors had to reduce its **workforce** by around 10 percent.

「昨年グレッグモータースは約10パーセントの人員整理を行わざるを得なかった。」

類例 As more women have become highly skilled computer operators and joined the work force, their wages have increased relative to men's.

「コンピューターの技術を身に付けた女性の労働人口が増すにつれて、女性の賃金が男性の賃金と比較して上がってきた。」

w9 work from home

在宅で仕事をする

Big Global Stores' 55 sales representatives **work from home**.

「グローバルストアーの55人の営業マンは在宅で仕事をこなしています。」

　　sales representative は salesman「セールスマン」のこと。

w10 a working knowledge of

〜の使える知識

Each applicant will be expected to demonstrate proficiency in English and **a working knowledge of** either Spanish or French.

「入社を希望する人は英語を自由に使いこなせることと、スペイン語かフランス語がなんとか使えることが期待されています。」

Part 2

w11 work on
〜に関して努力する

President Paul Scott has been **working on** finding a solution to a very apparent problem.
「社長のポールスコットはわかりきった問題の解決策を見つけようと頑張っている。」

w12 work on one's house
（日曜大工などの意味で）家のことをやる

He is a real handyman; he spends all his weekend **working on his house**. He's added two new rooms and he's now putting on a new roof.
「彼は日曜大工が大好きで週末はずーと日曜大工をやります。最近も部屋を２つ作って、今は屋根の取り付けをしているところです。」

work around one's house と比べると work on one's house の方が家に対する関与がより直接的であるという意味合いがある。

w13 worth of
（金額）の価値

We got $50 dollars **worth of** food for our camp, but it didn't look like it would be enough, so we went back and got more.
「キャンプするのに食べ物を50ドル分買ったけど、足りないと思ったので、戻ってもっと余分に買った。」

y1 one's years of service
奉仕の年月

Jane Bokunewicz was recently honored for **her years of service** to the College of Management during the annual Employee Appreciation Day ceremony at Schwab Hall.

勘違いしやすい盲点英単・熟語

「ジェーン・ボクニビッツはつい最近、シュワップ会館に於いて毎年恒例の従業員感謝祭の際に、経営学部に対する長年の功績を称えて表彰された。」

ここでの service は military service「兵役」などという時の service と同じ。

Part 3

係り結び英単・熟語

> Part 3
> 広い意味でのコロケーションや文全体の意味や常識が判らないと正解にたどり着くことが難しいものなどを扱う。

Part 3

このパート 3 は必ずしもアルファベット順にならんでいない。実際の TOEIC の問題にはこのセクションのパターンの問題が散見される。しかもこのパターンはどんどん増える傾向にある。TOEIC においては単語や熟語や決まりきった言い回しを覚えているだけでは満足せず、文全体の意味内容を読み通す能力を期待するように徐々になってきている。単語集としては扱いにくい部分であるので、あまり数を載せていないが、とても重要な部分である。ポイントとなる部分、或は選択肢として狙われやすい部分に焦点をあてた。

☐ after many weeks/years of. . ., S was finally distributed
何週間、何年もたった後で、S はついに分配された

After many weeks of printing delays, the new public relations brochure **was finally distributed** to all staff.
「印刷の遅れが何週間もあったあとで新しい宣伝用のビラがようやくスタッフ全員に行き渡った。」

after many weeks という語句と finally という副詞が意味的に馴染む。1 種の係り結びと考えてもよいだろう。このような形の文において TOEIC では finally のような単語を選ばせることがある。

類例 ☐ Although this is only Tawatchai's fourth month here, he has already become an asset to the school.
「タワチャイはここではまだ 4ヶ月しかいないが、この学校にとっては既に宝物である。」
ここでも意味を考えると although のところに because は入らない。又、逆に already のところに finally は入らない。

☐ already
既に

Moving Sports Goods has now added three new items to its **already** popular line of sportswear.
「ムービングスポーツグッズでは既に人気を博しているスポーツウェアシリーズに加えてニューアイテムを 3 種類加えた。」

ここでは now と added が入っていることで already という言葉がぴったりとはまることに注意。

係り結び英単・熟語

☐ although..., still...
〜だけれどもそれでもなお

Although the factory has parking space for one hundred cars, it is **still** inadequate because more than half of the 300 staff now drive to work.
「その工場には 100 人分もの駐車スペースがあるにはあるが、現在 300 人の従業員の半分以上が車で仕事場に来るので、まだまだスペースが足りない。」
　ここの still の部分には他の単語が入る余地はあまりない。

☐ although..., S V
〜だけれども SV

Although the text for the team's news letter is written at least two months before publication, normally it hasn't been hard to look ahead to a predictable season.
「チームのニュースレター用の文章は発行の少なくとも 2 ヶ月前には書かれているが、通常では次のシーズンでは何が流行るだろうかを前もって予測することはそんなに難しいことではなかった。」
　いいたいことは、これまでは 2 ヶ月先のことは十分予想出来たけどもこれからはなかなか予想出来ない、ということ。ここで最初の although は yet、still、despite などで書き換えることは出来ない。これはネット上で見つけた洒落た文を少し変えたものだが、後半の部分は ..., it hasn't been hard to predict the next season's trends/to predict what will appear in the next season. とパラフラーズして考えればよいだろう。今から見て「次の」という意味にならない場合には next の前に定冠詞が要る。
　although はその次には文が来ることに注意。代わりに in spite of/nevertheless/however が来ることは先ずない。

☐ and then... accordingly
そしてそれに応じて〜

In order to feel confident that you will be financially secure after retirement, you need to analyze your present and future needs **and then** develop your savings plan **accordingly**.
「退職した後も経済的に困らないようにするには現在必要なものとこれから必要なものをしっかり分析して、そしてその必要性に応じて貯金計画を立てることです。」

Part 3

☐ **aside from**
～は別にして

GWX's newly released cars did not appear to be very new, **aside from** a few minor features.

「GWX の最新車は多少のアクセサリー類の変化は別にして、あまり目新しいところはなかった。」

以下の例と比較すること。

参考例 ☐ GWX's newly released cars did not appear to be very new, let alone original.

「GWX の最新車は斬新と言えないばかりか、目新らしいところすらあまりなかった。」

appear の次に even が入ると文意がもっと安定する。let alone の代わりに still less とも言える。aside from と let alone の語句の前まではまったく同じ文である。後ろの語句の違いによって、aside from と let alone が使い分けられていることに注意。

☐ **besides**
～に加えて

The project would also require specialized technical skills, which most of our staff do not have at present, **besides** needing a lot of time and money.

「その計画は特別な技術スキルが要求されることになる。現時点で我々はそのスキルをもっている者がほとんどいない。しかもその計画は時間とお金も掛かる。」

この場合の besides の部分には in addition、as well、furthermore 何れも入れることが出来ない。in addition to、as well as ならば何とか可能。would なので、もしやれば、という気持ちがある。ここが will であれば、やることがすでに決定しているという含みがある。

☐ **compete strategically**
戦略的に戦う

係り結び英単・熟語

In order to **compete strategically** in a highly competitive market, universities are racing to reorganize their curriculums to make them more appealing to potential students.

「競争の激しいマーケットで戦略的に戦っていくために各大学は進学の可能性のある高校生にアピールするべくカリキュラムの改定を急いでいる。」

compete は例えば、compete actively「激しく競争する」、compete effectively「効果的に競争する→競争して実績を挙げる」、compete keenly「激しく争う」などの副詞が考えられるが、後ろの文の意味内容を考えると compete の次には strategically がぴったりする。

☐ ## diners with a preference for

〜を好む食事をする人

Julio's is the best restaurant for tourists and **diners with a preference for** mild or medium authentic new Mexican food. Not for advanced taste buds, but a great place for beginner or intermediate connoisseurs.

「フリオズは旅行者やあまり辛くないけれども本物のメキシコ料理を嗜好する人に最適なレストランです。メキシコ料理狂いの人には物足りないと感じられるかも知れませんが、メキシコ料理歴が浅い人にはぴったりです。」

diner は安いレストランを指すこともある。

☐ ## eventually

遂に

The newspaper company **eventually** printed the longest retraction in its history, but it was too late and it lead up to the ousters of two party members.

「その新聞社はついに、歴史上もっとも長い前言の撤回記事を印刷したが、時すでに遅く、政治団体のメンバー2人の追放に繋がった。」

ここでは eventually の代わりに lately はだめ。eventually の入っている文の次に接続詞の but が来ていることにも注意。ここの接続詞が狙われることも多い。

☐ ## give one only two weeks

人に2週間だけ余裕を与える

Part 3

The first publicity tour ends at the beginning of August and the second one begins in mid-August, **giving** the organizers **only two weeks** to rest and get reorganized.

「第 1 回目の宣伝ツアーは 8 月初旬に終え、2 回目は 8 月中旬に始まります。そのため主催者は休みを取って次の予定を組むのに 2 週間しか貰えないことになります。」

8 月の最初から中ごろまでは 2 週間しかないと考えると、only という単語がすっきりと入る。こういったところで only を選ばせるような問題もある。ここには他に just、no more than も入るだろう。ここには以下の単語は入らない。already、yet、soon、more など。publicity tour は「（例えば商品の）宣伝のためのツアー」、自分の本を宣伝するために日本各地を回りながらサイン会をやっているような人の活動などに言えるだろう。「宣伝活動は」publicity campaign 大学でやるオープンキャンパスなども含まれるだろう。政治家が政治の宣伝のために回るのは political campaign tour。

☐ give a tour of
〜の案内をする

Jennifer will be **giving a tour of** the main library.

「ジェニファーはメインライブラリーをガイドすることになっています。」

以下の 2 文を参照。talk の後の前置詞によって意味が変ることに注意。この例から言えるのは前置詞が of であれば tour が選択され、at であれば talk が選ばれると言うことである。

参考例1 Jennifer will be giving a talk at the main library.
☐ 「ジェニファーはメインライブラリーで話をすることになっています。」

参考例2 Jennifer will be giving a talk about/on the main library.
☐ 「ジェニファーはメインライブラリーについて話をすることになっています。」

☐ hardly
ほとんど〜ない

The Marine video games had **hardly** been on the store shelves for an hour before they sold out.

「マリーンビデオゲームは僅か 1 時間足らず（せいぜい 1 時間）で店頭で売り切れた。」

文脈を読まないとこの文に hardly を入れることは難しい。hardly のところには fast、rapidly、hourly などはこの場合は入らない。

係り結び英単・熟語

☐ the most important issues involved in
〜に関して最も大切な問題

The directors of the company spent many months examining **the most important issues involved in** the planned downsizing of the company before any concrete proposals were made.

「会社の上層部は、具体的な提案を出す前に予め決めていた会社の規模の縮小に関する最も重要な案件を精査するのに何ヶ月も掛けた。」

> この文は全体の動詞が spent であるので involved のところは are/were involved と出来ないことに注意。

☐ My colleagues and I wish to extend our〜
私の同僚たちと私は私達の〜を述べたいと思います

My colleagues and I wish to extend our welcome to you and hope you find your visit to our production facilities both enjoyable and informative.

「私の同僚と私はあなた方に歓迎の言葉をここで述べたいと思います。又、私達の工場に来てくれたことがあなた方にとって楽しいことであり、ためになることであれば嬉しく思います。」

> my colleagues and I が主語になっている場合は原則として my/your/their などになれず、our welcome、our thanks などと our を使用しなければならない。production facilities は plant と考えてもよい。

☐ prepare for
〜に備えて準備しておく

Prepare for the unexpected since it is impossible to predict when a major earthquake might occur.

「いつ大地震が起こるか判らないので不測の事態に備えておきなさい。」

類例 ☐ Prepare for the unexpected so that you will never be faced with financial difficulties resulting from illness or accident.

「病気や事故で経済的に困らないように不測の事態に備えておきなさい。(要するに保険

Part 3

に入れ、ということ)」
ここの illness or accident はそれぞれ単数で使う。

☐ recently
最近

Recently more people have been coming regularly to participate in the organization's volunteer program.
「最近、この団体のボランティアプログラムに定期的に参加する人が増えた。」
ここでは recently に引っ張られて have been coming と現在完了進行形が使用されていると考えられる(この手のパターンも頻出)。従って、その他の時制、are coming/were coming/will be coming/are to be coming/will have been coming などは使えないと考えられる。もっとも、単純過去形であれば recently と共に用いることがある。

☐ Reporters are invited to cover～
～を報道取材するために記者が呼ばれる

Reporters are invited to cover a Tollman Industries press conference at which the details of the restructuring of the top management will be announced.
「トールマン社が開く記者会見で社長以下の上層部の交代の詳細について報告があるとのことで新聞記者が招かれています。」
以下のようにもパラフレーズ出来る。
Reporters are invited to cover a conference at which the details of the restructuring of the top management of Tollman Industries will be announced.
restructuring「事業の再構成、この中には配置転換なども含まれることはあるだろう。」日本語のリストラは to be fired、laid off となるだろう。上の文では at which 以下は従属文となるので主文の動詞は are invited の部分となる。invite は原則他動詞なので are が必要となることに注意。

☐ retain
保持する

係り結び英単・熟語

This university has been completely modernized, but the present management wanted to **retain** the original philosophy of the school.

「ここの大学は非常に今風ではあるが、現在の経営者たちは学校の当初からの理念を持ち続けたいと願っていた。」

接続詞は but でなければいけない。文頭が問題になっていれば、although であろう。外見は今風であるが、哲学は保持したい、というのであるから retain の部分は、それと同種の動詞でなければならない。completely modernized は thoroughly modernized でもよい。

S that SV V

（最後の V の主語が最初の S の様な場合）

The immediate result of the demonstrating of the new exercise machine on a sports program on TV and a brilliant advertising campaign **that** was launched in December was an unprecedented leap in sales.

「テレビのスポーツ番組で新しい運動器具を紹介したことと、この 12 月に始まった素晴しい宣伝の御陰で時を置かずに今までにないような売り上げ増となった。」

この文で注意しなければならないのは関係詞節の that was launched の係っている部分は a brilliant advertising campaign だけであるので、ここの was は were に出来ないこと。そして was an unprecedented leap の主語は the immediate result であるので were に出来ないことにも注意が必要。間違い探しのセクションでしばしば狙われるパターンでもある。

類例1 The overall effect of the publicity about the first tour to Antarctica and the image campaign that was launched last February is likely to be one of heightened interest in the tours.

「南極への最初の旅行に関する宣伝と今年の 2 月に始めたイメージ作戦も相俟って南極旅行への関心が高まるであろうと思われる。」

one は an effect と考えればよい。ここの is も同様の理由で are と出来ない。南極が人を興奮させるような場所ではなく人のこころを落ち着かせる場所であるならば、最後は one of serenity（家の中の落ち着いた基調のインテリアなどなどのものを見て心が落ち着くさま）などとなるであろう。

類例2 The result of the general appeal of the company's new range of sports wear and the advertising campaign that was launched to promote it was a spectacular increase in sales.

「その会社のスポーツウェアの新しい品揃えとそれを後押しするために始めた宣伝の効果が広く行き渡った結果、売り上げが目を見張るほどに伸びた。」

was a spectacular increase の was の主語は the result なので were には出来ない。

Part 3

☐ **; he did, however do,**

、しかし彼はやった

The Mayor was unable to attend the opening of the new branch office; **he did, however**, send a very warmly worded congratulatory telegram.

「市長は新しい支部のオープニングセレモニーに出席できなかった。しかしながら彼は非常に心のこもったお祝いの電報を打った。」

文脈を読むと、セミコロンの次には however しか入らない。ここには moreover、although、whereas などを入れることは出来ない。

☐ **; otherwise**

そうでなければ

Employees who are asked to do overtime should be sure to indicate the hours worked on the appropriate card; **otherwise** overtime hours may not be accurately reflected in their paychecks.

「残業をお願いされている従業員は決められたカードに必ず働いた時間を書くことになっています。そうしないと、残業時間が給料の支払いのときにきちんと反映されないこともあります。」

このような文脈では otherwise という副詞（接続詞と考えても良い）しか使えない。TOEIC の問題ではセミコロン＋ otherwise の形式でよく出るように思われる。意味的には、therefore がちょうど逆になる。

☐ **, so**

だから

Because of the fear of SARS, the number of applicants for the companies' planned trip to Asia is very low, **so** alternative destinations are now being considered.

「SARS の脅威によってアジア方面に予定していた社員旅行に行く人の数がぐんと減ったので、代替地域を考慮しているところです。」

ここの so は furthermore/as/although などで代用できない。

係り結び英単・熟語

☐ since
以来

Overall production of the brand-new DVD players has increased by four percent **since** the completion of the expansion project.

「その最新の DVD プレーヤーの全生産高は拡大計画を立てて以来 4 パーセント増となった。」

ここでは has increased と since がぴったりの相性であることに注意。since があると will increase、increasing、increase などにはならない。

☐ the sky's the limit
どこまでも行ける、何を考えても良い

A：Where are you going to visit on your world trip?
B：**The sky's the limit**.

A：「世界旅行ではどこに行くつもりなんだい。」
B：「世界中どこにでもさ。」

☐ speak clearly/loudly/loudly and clearly/audibly as/because the acoustics are poor
音が悪いので、はっきりと話す

Professors who are using Schwab Auditorium for the first time should be sure to **speak clearly as the acoustics** in the auditorium **are extremely poor**.

「シュワップ講堂を初めて使う先生は、そこの音は極めて悪いのではっきりと話すということを肝に銘じなければならない。」

speak という動詞に係ると考えると副詞の clearly などが好ましい。形容詞の clear は規範的には選ぶべきではない。

☐ taste foods
色々な食べ物を賞味する

Part 3

The Food Festival in Sapporo will give visitors the opportunity to **taste foods** from a variety of regions in Hokkaido.

「札幌で開催されているフードフェスタに行けば北海道全域のいろいろな郷土料理を味わうことができます。」

　　taste のところには、文法的には例えば treat を入れることもできるが、意味を考えれば taste が相応しい。

☐ while
〜の一方、〜だけれども

While participation is optional, all faculty members are encouraged to attend the new curriculum planning session.

「参加は義務ではないですが、先生方は全員新しいカリキュラムの計画会議に参加してもらいたいです。」

　　faculty members は「先生たち」。session だとこれからも、何回も話し合いがあるだろうという含みがある。この文では while を選ばせる問題にもなりうるし、participation を選ぶ問題にもなりうるし、optional を選ぶ問題にもなりうるし、encouraged の部分を選ぶ問題にもなりうる。何れも文脈をよく読み、内容を理解することで、初めて、適切な単語を選択出来る可能性が生まれる。ここの participation の前には通常定冠詞は入らない。all faculty members も通常、all of the faculty members, all the faculty members とならない。

☐ will have been
（多くの場合、ある時点において）そうなっているだろう

The new branch office **will have been** operating for 12 months as of March this year and that'll be the time to assess its business performance and profitability.

「新しい支店は今年の３月でちょうど営業を始めてから12ヶ月なる。その時点でこの事業の成績と利率率を精査するのに切りがいいでしょう。」

　　will have been という未来完了を答えとして求められる場合、必ずしも by the time S V という語句が入っているとは限らない。ここでは as of March this year が未来の１時点を明示していることになる。実際の小説などでは未来時は明示されていないことが多い。そもそも未来時という概念さえないと思われる場合もかなりある。

● 著者プロフィール

梅本孝（うめもと　たかし）
1964年大阪府八尾市生まれ。関西外国語大学外国語学部英米語学科卒業。ペンシルベニア州立大学留学。大阪外国語大学外国語学研究科修士課程修了。東京大学大学院人文社会系研究科欧米系文化研究専攻英語英米文学専門分野博士課程満期退学。
実用英語技能検定1級合格（昭和62年）。
通訳案内士国家試験（英語）合格（平成7年）。
実用英語技能検定面接委員（準1級）。
1999年5月より公開TOEICテスト会場責任者。
現在：静岡産業大学情報学部准教授。
静岡産業大学情報学部のサイト（http://webs.fujieda.ssu.ac.jp/）から著者の詳しいプロフィールを見ることができます。

著作権法上、無断複写・複製は禁じられています。

新TOEIC®テスト　ズバリ頻出盲点英単・熟語《モウ単》

2009年5月30日　　　1刷

著　者 ── 梅本　孝
　　　　　Ⓒ Takashi Umemoto, 2009
発行者 ── 南雲　一範
発行所 ── 株式会社　南雲堂
　　　　　〒162-0801　東京都新宿区山吹町361
　　　　　TEL 03-3268-2311（営業部）
　　　　　TEL 03-3268-2384（編集部）
　　　　　FAX 03-3269-2486（営業部）
　　　　　振替　00160-0-4686

印刷所／日本ハイコム株式会社　　　製本所／松村製本所

Printed in Japan　　乱丁・落丁本はお取り替えいたします。
ISBN978-4-523-26485-9　C0082　　　[I-485]

E-mail　nanundo@post.email.ne.jp
URL　　http://www.nanun-do.co.jp

南雲堂の
英単語ピーナツほど
おいしいものはない シリーズ

金 メダルコース 　　**銀** メダルコース 　　**銅** メダルコース

村上式シンプル英語勉強法〔ダイヤモンド社刊〕で
米google副社長(当時)　村上憲郎氏 **おすすめ教材！**
TOEIC®テストに頻出の英単語が満載。必読の一冊です！

清水かつぞー著

各定価（本体 1000 円＋税）
四六判 CD付き

音声と**コロケーション**（連語）で覚える画期的な**単語集！**

スピード感がたまらない！　誰もが自在に使いこなせる無類の単語集！
精選されたテーマ別連語（ピーナツ）で合理的に覚えられる！